Mein Usbekistan
Eine persönliche Reisebegleitung

Siebzig Mädchen ritten wie Löwen in flammendem Eifer vor ihrer Königin Shirin aufs Feld. Sie spielten Polo so gut, dass sie den Ball von der kreisenden Welt mausten. Der König erschien, um das Spiel zu sehen. Von dem Anblick dieser Spielerinnen war er ganz entzückt. Sie waren wie ein Hort der Süße und wie eine Burg von Sirup. Noch aber kannte er nicht ihre Kraft und ihren Mut und die Höhe ihrer Reitkunst.

(Auszug aus L. J. Albaum und B. Brentjes, Herren der Steppe, Berlin, 1978, S. 7).

1 Shirin beim Golfspiel

Marga Kreckel

Mein Usbekistan

Eine persönliche Reisebegleitung

Mitteldeutscher Verlag

4. Auflage 2016
© mdv Mitteldeutscher Verlag GmbH, Halle (Saale)

Buch- und Umschlaggestaltung
Lutz Grumbach, Halle

Handschrift
Hannelore Heise, Halle

Umschlagtitel
Foto: Christoph Sandig, Leipzig
Schatulle aus dem Morgenland, Familienbesitz

Umschlagrückseite
Foto: Marga Kreckel, Halle
Bibi-Chanym-Moschee in Samarkand

Printed in the EU

Nachdruck, auch auszugsweise verboten, –
Alle Rechte vorbehalten.
Recht zur fotomechanischen und digitalen Wiedergabe
nur mit Genehmigung des Verlages.

ISBN 978-3-89812-549-9

www.mitteldeutscherverlag.de

Inhaltsverzeichnis

9	Eine Sehnsucht aus Kindertagen

20	**Die Menschen, das Land, ihre Sprache**
25	Daten und Fakten
27	Sprachen
30	Bevölkerung
32	Biografie einer jungen Usbekin

37	**Feste im Gemeinschaftsleben der Usbeken**
44	Makhalla, ein Leben in der Gemeinschaft
48	Kulinarische Köstlichkeiten der Feste
51	Wiegenfest, Beshik To´y
53	Beschneidung, Sunnat To´y
55	Schutz gegen den „bösen Blick"
57	Hochzeit, Nikosh To´y
67	Beerdigung und Totenfeiern
72	Wallfahrten

74	**Sakrale Kunst**
75	Grabbau: Mausoleum – Nekropole
78	Mausoleum der Samaniden in Buchara
79	Pilgerstätte Naqshband bei Buchara
83	Die Seidenraupe
83	Mausoleum Gur-i Emir in Samarkand
88	Die Bedeutung Timurs
92	Nekropole von Schah-i Sinda in Samarkand
102	Mausoleum des Pahlawan Mahmud in Chiwa
105	Moscheen
108	Bibi-Chanym-Moschee in Samarkand
114	Kaljan-Moschee in Buchara
117	Dschuma-Moschee in Chiwa
118	Moschee Gök Gumbaz in Schahr-i Sabz
119	Minarette
119	Minarett Kaljan, das „Große Minarett", in Buchara
122	Minarett Kalta Minar, das „Kurze Minarett", in Chiwa

123	**Medresen**
126	Die drei Medresen des Registan in Samarkand
129	Medrese Ulug-Bek
130	Medrese Schir-Dor, die „Löwen-Medrese"
134	Medrese Tillja-Kari
136	**Säkulare Architektur**
137	Stadtresidenzen, Gartenpaläste, Wohnhäuser
137	Ark, die Zitadelle von Buchara
141	Festung Kohne Ark in Chiwa
144	Palast Kuk Sarai in Schahr-i Sabz
145	Palast Tasch Hauli in Chiwa
148	Das Leben im Harem
162	Sommerpalast des letzten Emirs von Buchara
165	Haus eines reichen Händlers in Buchara
167	Russische Häuser in Samarkand
169	Heutige Wohnweise
171	**Handel und Gewerbe: die Basare**
176	Die Seidenstraße
182	Kuppelbasare in Buchara
184	Lab-i Chauz-Komplex in Buchara
186	**Wurzeln der usbekischen Kunst**
188	Nizami, ein Dichter des 12. Jahrhunderts
188	Das Bild der muslimischen Frau in Dichtung und Malerei
192	Der Mythos von „Khosrow und Shirin"
214	Islamische Malweise
215	**Das produktive Leben im heutigen Usbekistan**
226	**Usbekistan ist viele Reisen wert**
246	**Anhang**
	Geschichte Usbekistans in Stichworten
	Literaturverzeichnis
	Bildnachweis
	Danksagung

2 Palast des letzten Emirs von Buchara

3 Hauff, Wilhelm, Die Karawane

Eine Sehnsucht aus Kindertagen

Samarkand und Buchara waren, solange ich denken kann, die Städte meiner Träume. Bereits in meiner Kindheit waren es Hauffs Märchen über kühne Steppenreiter, reiche Paschas und Geschichtenerzähler am Lagerfeuer. Aber es gab in meiner Familie auch eine elegante Schatulle, in der immer Konfekt aufbewahrt wurde, eine Schatulle aus dem Morgenland. Auf goldenem Hintergrund spielten farbig gekleidete Reiter Polo. Diesem Motiv begegnete ich später in der fernöstlichen Miniaturenmalerei. Und schließlich faszinierten mich die Farben Blau und Türkis der Kuppeln und Fliesen der islamischen Architektur in den verschiedenen Kunstbänden auf den heimat-

lichen Regalen. Ganz zu schweigen von dem Mythos der Seidenstraße, Marco Polo!

All dies gärte lange in mir, eine scheinbar unstillbare Sehnsucht. Doch dann hörte ich: Usbekistan sei ein äußerst gastfreundliches moslemisches Land, die blauen Kuppeln wurden nach und nach restauriert, man könne eine Reise dorthin problemlos wagen. Und damit fingen die Recherchen an: Internet, Reisebüro, Gruppe, Kleingruppe oder eventuell ganz alleine?

Alleine als Frau, das klang verlockend. Alleine ja, aber begleitet von dem Vorsatz, anderen meine Erfahrungen – sollten sie positiv ausfallen – mitzuteilen. Und überraschender- oder vorhersehbarerweise: Alles verlief nicht nur positiv, sondern zauberhaft! Organisiert von einem deutschen Reisebüro, Hotels und Transportmöglichkeiten gebucht, Reiseleiterin - Betonung auf in - ausgesucht; und all dies kaum teurer als eine Gruppenreise.

Aber wie sollte ein solches Reise-Begeisterungs-Buch aussehen? Es sollte natürlich genau das enthalten, was ich vor Beginn der Reise selbst gerne gewusst hätte. Also: Wie leben die Menschen in Taschkent, Samarkand, Buchara und Chiwa, den vier Städten, die ich besuchen wollte? Wie sehen sie aus? Welche Sprachen sprechen sie? Welche Lebensgewohnheiten zeichnen sie aus? Wie gestalten sie ihre Feste? Durch welche Einflüsse ist ihre Kunst - ihre Literatur, Malerei, Architektur - geprägt? Wie halten sie's mit

4 Schatulle aus dem Morgenland, Familienbesitz

5 Chiwa: Palast-Türmchen

6 Hauff, Wilhelm, Die Karawane

7 Samarkand: Schah-i Sinda, Ornament

8 Samarkand: Schah-i Sinda, Ornament

der Religion? Kurz, wie muss man sich das Leben in Usbekistan vor und nach der staatlichen Unabhängigkeit im Jahre 1991 vorstellen?

Natürlich kann dies nicht alles auf einmal und in derselben Ausführlichkeit geschrieben werden. So entstand die Idee, eigene Erfahrungen und erzählte Geschichten handschriftlich wiederzugeben und Material aus schriftlichen Quellen in Druckschrift zu präsentieren.

9 Der letzte Emir von Buchara (Mitte) mit Offizieren des Zaren

10 Vornehme Usbekin

11 Vornehmer Usbeke

Die Menschen, das Land, ihre Sprache

Ich fange mit den Menschen an. Wie sehen sie aus? Es wird behauptet, dass es in Usbekistan 120 ethnische und religiöse Gruppen gibt. Selbst wenn dies etwas übertrieben sein könnte, so sind es sicherlich viele. Bereits meine Reiseleiterin ist Krim-Tatarin. Ihre Familie wurde unter Stalin nach dem II. Weltkrieg von der Krim nach Zentralasien umgesiedelt. Der Chauffeur auf demselben Foto dagegen ist Tadschike. Tadschikistan ist geografisch ein Teil vom ehemaligen Turkistan, zu dem früher auch das heutige Usbekistan gehörte. Usbeken in ihrer farbenfrohen Kleidung dominieren allerdings die Stadtbilder. Sie machen den

Hauptanteil der Stadt- und Landbevölkerung aus. Daneben gibt es jedoch aus unterschiedlichen historischen Verwerfungen und weil die zentralistische Region, durch die Seidenstraße geprägt, immer schon ethnisch vielfältig war, Afghanen, Armenier, Aserbaidschaner, Juden, Karakalpaken, Kasachen, Koreaner, Russen, Türken, Turkmenen, Wolgadeutsche und viele mehr.

12 Usbekin in Seidenkleid mit Kind

13 Usbekische Familie[1]

14 Samarkand: Schah-i Sinda, Pilger

[1]Dieses Foto verdanke ich der Ethnologin Krisztina Kehl-Bodrogi, die für ihre Recherchen ein halbes Jahr in Usbekistan gelebt hat (siehe Bildnachweise).

15 Samarkand: Schah-i Sinda, Pilger

Daten und Fakten

Usbekistan hat eine Fläche von 447.400 Quadratkilometern und liegt im mittleren Zentralasien. Das Land erstreckt sich von den Wüsten am Aralsee im Westen über knapp 1.200 Kilometer bis zum fruchtbaren Ferganatal. Dort im Osten ist das Pamir-Gebirge – ein Teil der Himalaya-Region – bereits in Sichtweite. Der größte Teil der Fläche Usbekistans besteht aus Wüsten. Der bedeutendste Wirtschaftszweig ist die Landwirtschaft. In den großen Oasen um Samarkand, Buchara und Chiwa sowie um die Landeshauptstadt Taschkent und im Ferganatal befinden sich die wichtigsten Anbauflächen. So ist Usbekistan weltweit einer der bedeutendsten Exporteure von Baumwolle. Das Land ist zudem reich an Gas, Kohle und Gold. Die Währung Usbekistans heißt seit 1994 Som.

17 Buchara: usbekische Tänzerin

Am 31. August 1991 erklärte Usbekistan, das zuvor zur Sowjetunion gehörte, seine Unabhängigkeit. Seitdem regiert Präsident Islam Karimow das Land. Er bemühte sich um gute Beziehungen sowohl zu Russland als auch zu den USA. Seit 2005 hat sich das Verhältnis zu den USA allerdings deutlich abgekühlt.
In Usbekistan leben etwa 25 Millionen Menschen, davon 73 Prozent Usbeken. Fast 88 Prozent der Bevölkerung sind sunnitische Moslems, etwa neun Prozent russisch-orthodoxe Christen. Darüber hinaus gibt es schiitische Moslems vor allem in Samarkand sowie Juden in Buchara.
Aber wie verständigen sich diese verschiedenen ethnischen Gruppen untereinander?

16 Reiseleiterin und Chauffeur

18 Landkarte der Region

Sprachen

Russisch ist die lingua franca, denn seit 1867 war die usbekische Region ein russisches Protektorat und von 1924 bis 1991 eine sowjetische Republik. Seit der Unabhängigkeit ist Usbekisch die Landessprache.

In vorrussischer Zeit wurde Usbekisch in arabischer Schrift geschrieben. Mit den Russen kam die kyrillische Schreibweise und seit der Unabhängigkeit gilt offiziell die lateinische Schrift. Diese Umstellung ist allerdings noch nicht vollkommen abgeschlossen. Bemerkenswert ist, dass gebildete Personen nicht nur mehrere Sprachen sprechen, sondern auch arabisch, kyrillisch und lateinisch schreiben können.

20 Gebirgslandschaft, usbekischer Maler

Eine Besonderheit des usbekischen Sprachgebrauchs ist übrigens, dass Worte oft verschieden geschrieben werden. Gute Beispiele sind „Usbek" und „Osbek" oder auch „Buchara" und „Bochara". Der Grund dafür ist, dass das usbekische „U" zwischen unserem „U" und unserem „O" ausgesprochen wird. Aber auch bei Institutionen, Gebäuden und historischen Persönlichkeiten trifft man regelmäßig auf unterschiedliche Schreibweisen. Nach meiner Einschätzung gehen in die landesüblichen Schreibvarianten die Vielfalt der Sprachen und die Reichhaltigkeit und Bewegtheit der usbekischen Geschichte ein. So wird der legendäre zentralasiatische Herrscher des 14. Jahrhunderts sowohl als Amir Timur als auch als Emir Timur bezeichnet. Seine Lieblingsfrau Bibi-Chanym dagegen findet man

19 Landschaft mit Amudarja

auch als Bibi Khanoum oder Bibi Hanim. Verschiedenen Schreibvarianten unterliegt ebenso ein so zentraler Begriff wie Medrese, Medresse oder Madrasa. Um durch die zahllosen Beispiele dieser Art keine Verwirrung aufkommen zu lassen, werde ich mich im Wesentlichen am orthografischen Vorbild des deutschen Orientalisten Burchard Brentjes orientieren. Alle usbekischen Begriffe und Eigennamen beginne ich zudem mit Großbuchstaben.

22 Karakulschafe und Ziegen

21 Eselin mit Nachwuchs

Daneben gibt es jedoch, wie man sich denken kann, noch viele andere Sprachen. So habe ich an einem Sonntagvormittag in der U-Bahn neben einem alten Mütterchen gesessen, das mit ihrer Tochter deutsch sprach. Sie hatte gerade einen Gottesdienst im Stadtzentrum besucht. Wir kamen ins Gespräch und sie erzählte mir, dass auch sie als Wolgadeutsche unter Stalin ausgesiedelt worden waren. Sie war ganz gerührt, mit einer Deutschen zu sprechen, und ich war tief beeindruckt von ihrem perfekten Deutsch.

    Erfreulich ist, dass die Mehrsprachigkeit offiziell gefördert wird. So fand ich ein Kinderbuch, in dem dieselbe Geschichte auf Russisch, Usbekisch und Französisch erzählt wurde.

Bevölkerung

Was waren nun meine naiven Phantasien über die Usbeken? Frauen verschleiert, Männer in Türkenhosen? Schon am ersten Morgen kam die Überraschung: Beim Frühstück im Hotel „Usbekistan" in Taschkent bewunderte ich eine Gruppe von ungefähr fünfzig Frauen mittleren Alters in leuchtend bunten, langen Samtkleidern, die auf mich einen eher mongolischen Eindruck machten. Sie unterhielten sich geschäftig-fröhlich miteinander, strahlten eine offene Herzlichkeit aus und wollten gleich wissen, ob ich Russin sei (dies ist immer die erste Vermutung bei westeuropäisch aussehenden Personen). Als Deutsche wurde ich von ihnen und von allen Gesprächspartnern während der Reise mit großem Wohlwollen aufgenommen. Es stellte sich heraus, dass es sich bei den beeindruckenden Damen um Schuldirektorinnen handelte, die sich zu einer Konferenz in diesem Hotel trafen. Ich wagte natürlich nicht, sie zu fotografieren, aber vom Erscheinungsbild her glichen sie den Frauen auf den hier abgebildeten Fotos.

23 Usbekische Frauen bei einem Familienfest

Biografie einer jungen Usbekin

Um dem Leser einen kurzen Einblick in das moderne Usbekistan zu vermitteln, gebe ich - in ein paar Stichworten - die Biografie einer jungen Usbekin wieder. Sie steht, was Bildung und Familienleben anbetrifft, stellvertretend für viele moderne, junge Usbekinnen:

Meine Gesprächspartnerin, eine bezaubernd aussehende und überaus freundliche Frau, ist 1976 in Chiwa geboren. Ihre Eltern, die Mutter Buchhalterin, der Vater Direktor der zentralen Wasserversorgung, haben erst mit 30 Jahren geheiratet. Sie wie auch ihre zwei Jahre jüngere Schwester sind verheiratet, haben jeweils zwei Kinder und sind zudem berufstätig. Die Großeltern mütterlicherseits waren Handwerker, der Großvater väterlicherseits hatte ein Studium an einer Medrese absolviert.

Der Bildungsweg von Frau N. ist durchaus vergleichbar mit dem mitteleuropäischer junger Frauen. Sie schloss die Schule, in der sie bereits Deutsch lernte, mit einem staatlichen Examen ab und bestand das universitäre Aufnahmeexamen. Zwischen 1993 und 1998 studierte sie an der Universität von Urgentsch Germanistik. Dort ist sie nunmehr Dozentin für Deutsch. Seit 2006 arbeitet sie an ihrer Doktorarbeit über eine deutsche Glaubensgemeinschaft, die im 19. Jahrhundert aus politischen Gründen nach Zentralasien ausgewandert ist. 1995, während ihrer Studienzeit, heiratete sie. Ihr erstes Kind, einen Jungen, bekam sie im vierten Studienjahr, also 1997, ihr zweites Kind, eine Tochter, im Jahr 2000. Der Sohn wurde in den ersten drei Jahren, als das junge Paar noch bei den Schwiegereltern wohnte, vorwiegend von der Schwiegermutter betreut. Für das zweite Kind, dann bereits im eigenen Haus, hat sich Frau N. einen Erziehungsurlaub von drei Jahren genommen. In dieser Zeit ruhte ihre Stelle an der Universität.

    Ihr drei Jahre älterer Ehemann war der Cousin ihrer besten Freundin. Er studierte zur Zeit des Kennenlernens Ingenieurtechnik. Heute ist er in einer Zementfirma angestellt.

Die Eltern auf beiden Seiten waren mit der Wahl des jungen Paares einverstanden, obwohl die Schwiegereltern für ihren Sohn bereits andere Heiratskandidatinnen vorgeschlagen hatten.

Der „ideale Mann" ist nach Meinung von Frau N. ein Mann, der sich für seine Familie verantwortlich fühlt. Das heißt, er muss genug verdienen, um die Familie zu versorgen und soll sich um Frau, Kinder und Haushalt kümmern. Das Aussehen würde für sie keine so große Rolle spielen. Aber „ein bisschen verliebt" sei sie bei ihrem Mann schon gewesen. Sie hatte davor bereits zwei „Heiratsanträge" bekommen. Eine Verliebtheit habe sich jedoch bei beiden nicht eingestellt.

Dass sie mit 19 Jahren geheiratet habe,

sei in Usbekistan üblich. Es gebe jedoch auch viele Ehen, die später geschlossen würden. Allerdings reduziere sich dann die Auswahl, denn die Scheidungsrate in Usbekistan ist sehr niedrig.

In der Ehe hat Frau N. ihren Mädchennamen behalten. Dies habe auch schon ihre eigene Mutter für sich selbst so entschieden. Die Kinder haben allerdings immer den Namen des Vaters.

Ihr Mann war einverstanden, dass Frau N. im Rahmen ihrer Doktorarbeit für zwei Monate nach Deutschland gegangen ist. „Ein bisschen lang" sei es für ihn und die Kinder aber schon gewesen. Allerdings hätten beide Mütter und eine Tante geholfen, die Zeit zu überbrücken.

Feste im Gemeinschaftsleben der Usbeken

Feste waren traditionellerweise und sind heute noch das Lebenselixier der Usbeken. Dies wurde mir schnell durch meine unterschiedlichen Gesprächspartner klar. Bereits auf den wunderschönen Miniaturen aus früheren Jahrhunderten spielen sie eine große Rolle.

24 Festliches Beisammensein, Buchara, 1578–1579

Dazu muss gesagt werden, dass die wegen ihres Formats „Miniaturen" genannten Kunstwerke nur die Bücher der Reichen und Mächtigen zierten. Sie wurden nicht - wie die Kunst im Westen - öffentlich gezeigt, sondern waren der private Luxus ihrer Auftraggeber, meist Emire und Khane. Diese konnten die Bücher nach Belieben öffnen, betrachten und genießen. Wenige wissen, dass auch der Islam eine reiche Tradition säkularer Bilder hat, denn die bildliche Darstellung ist nur im religiösen Kontext verboten. Und dennoch gibt es selbst hier Ausnahmen wie bei der Fassade der Medrese Schir-Dor, der Löwen-Medrese, am Registan in Samarkand und bei der Innendekoration eines Mausoleums in der Gräberstadt Schah-i Sinda, ebenfalls in Samarkand.

25 Festliches Beisammensein, Buchara, 1578–1579

26 In Erwartung der Gäste, Herat, 1494–1495

27 Handwaschung vor dem Fest

28 Zwei weise Frauen

Feste sind aber nicht nur das Lebenselixier der Usbeken, sondern auch der soziale Kitt, der die Gemeinschaft auf lokaler Ebene zusammenhält. Die sie begleitenden Sitten und Bräuche werden dabei wie Theaterstücke inszeniert. Von den Festen des Alltags sind das „Beshik To´y", bei dem das erstgeborene Kind zum ersten Mal in die Wiege gelegt wird, das „Sunnat To´y", die Beschneidung und das „Nikosh To´y", die Hochzeit, von besonders großer Bedeutung.

Darüber hinaus werden bei Männern und Frauen die 40. und 60. Geburtstage, die „Jubiley", ausgiebig gefeiert. Hinzu kommen Kindergeburtstage sowie Feste mit Arbeitskollegen, wie kurz vor Sylvester und am 8. März, dem Frauentag. Bei letzterem bekommen die Frauen von ihren Kollegen kleine Geschenke.

Einen zentralen Platz im Alltagsleben jedes Usbeken nehmen zudem die „traurigen" Zeremonien, die Beerdigungen und Trauerrituale, ein.

Für meine Gesprächspartner stellten sich die aus den Feierlichkeiten ergebenden Verpflichtungen oft „als Belastung" dar. Fast jede Woche sei man gehalten, an der einen oder anderen Zeremonie teilzunehmen, aber – und das wurde als positive Seite geschildert – habe man dadurch ein reichhaltiges soziales Leben. Um dem Reisenden den Rahmen, in dem die meisten geselligen Zusammenkünfte stattfinden, zu veranschaulichen, will ich etwas ausführlicher auf die Lebensform der „Makhalla" eingehen.

Makhalla,
ein Leben in der Gemeinschaft

Unter Makhalla versteht man eine jahrhundertealte Selbstorganisation von Stadt- oder Dorfvierteln auf der Basis von Verwandtschaft und Nachbarschaft. Die Grundidee der Makhalla ist, ein gutes nachbarliches Zusammenleben und eine Haltung des Respekts unter Erwachsenen zu fördern sowie Nachbarschaftshilfe zu gewährleisten. Da sich das Leben jeder Familie offen vor dem der anderen Gemeindemitglieder abspielt, kann sich jeder Makhalla-Bewohner sowohl auf die Moral als auch auf die Hilfsbereitschaft der Nachbarn, speziell in schwierigen Situationen, verlassen.

Usbeken nennen die Makhallas „die Heimat in der Heimat". In der sowjetischen Zeit zwischen 1924 und 1991 wurden die Makhallas in den alten Stadtvierteln toleriert, obwohl man sich bemühte, sie für die Inhalte der zentralen Politik nutzbar zu machen. In den Neubauvierteln hat man versucht, neue Muster des Zusammenlebens zu etablieren, aber – gemäß ethnografischen Untersuchungen – vergeblich. Allerdings wurde in dieser Zeit der Vorsitzende einer Makhalla, der Oqsoqol, nicht von den Bewohnern einer Makhalla selbst gewählt wie dies traditioneller Weise üblich war und seit 1991 erneut ist, sondern von „oben" eingesetzt.

Nach der Unabhängigkeit wurden die Makhallas wieder autonom. Diese Autonomie ist sogar verfassungsmäßig verankert. In diesem Zusammenhang wird eine Rede des Präsidenten von Usbekistan, Islam Karimov, immer wieder zitiert, in der er ihre Bedeutung mit den Worten unterstreicht: „Wir alle sind in einer Makhalla aufgewachsen."

Das tägliche Leben der Usbeken wird zum größten Teil durch die Beziehungen innerhalb einer Makhalla bestimmt. Hier haben die Individuen Verantwortungen und Verpflichtungen, und sie bekommen dafür Hilfe in schwierigen Lebenslagen, z.B. bei den aufwendigen und kostspieligen Begräbniszeremonien, bei Krankheit und Armut, aber auch bei der Organisation und finanziellen Unterstützung von Hochzeiten.

In jeder Makhalla gibt es ein Gemeindezentrum, ein Gebetshaus, ein Teehaus. Sie besitzt darüber hinaus eine Reihe von Gegenständen, wie Möbel und Geschirr, die zur Ausrichtung von großen Festlichkeiten erforderlich sind. Von jedem Makhallamitglied wird neben Loyalität und Hilfsbereitschaft auch eine Reihe von Diensten erwartet wie die Reinigung von Straßen und die aktive Unterstützung beim Bau von öffentlichen Gebäuden.

Bei Übertretung der impliziten und expliziten „Gesetze" einer Makhalla droht Ausstoßung. Versucht der Betroffene dieser Bestrafung durch Ansiedelung in einer anderen Makhalla zu entgehen, so würde ihm der „schlechte Ruf" folgen. Dieses Risiko nimmt kaum jemand in Kauf.

Natürlich sind die modernen Makhallas anders als die aus früheren Zeiten. Es wird jedoch gesagt, dass der „Geist der Makhallas" lebendig geblieben sei. Dies bedeutet, dass niemand es wagen würde, unfair in nachbarschaftliche Angelegenheiten einzugreifen und sich jeder verpflichtet fühlt, wenn nötig, seine Hilfe anzubieten.

Ein gutes Beispiel für die Wahrung der Gemeinschaftsidee ist der Verkauf eines Hauses. Der Verkäufer ist gehalten, sein Haus zuerst seinen Verwandten, den engsten Nachbarn und dann den weiteren Mitgliedern der Makhalla anzubieten. Ohne diese Reihenfolge einzuhalten, darf der Eigentümer sein Haus im Prinzip nicht verkaufen. Dadurch soll verhindert werden, dass sich Personen in ein Wohnviertel einkaufen, die sich an die Regeln der Makhalla nicht gebunden fühlen.

Darüber hinaus gibt es spezielle, die Gemeinschaft stärkende Makhalla-Feiertage: So gilt der 21. März, der Tag der Frühjahrsgleiche, „Navruz", innerhalb der Makhalla als ein besonderer Tag. Was an den folgenden 30 Tagen getan wird, soll nach den Vorstellungen der Bewohner das Tun des restlichen Jahres prägen. Daher ist es Brauch, sich an diesem Tag Zänkereien, Streitigkeiten und Fehler zu verzeihen. Wichtig dabei ist, dafür den Segen der Eltern oder anderer Autoritäten wie der Lehrer zu bekommen.

Zu diesem Anlass wird ein besonderes Gericht, „Sumalak", in einem speziellen Ofen über Holzfeuer gekocht. Sumalak wird von der ganzen Gemeinschaft zubereitet. Das heißt, alle Mädchen und Frauen fertigen es unter der Anleitung der erfahrensten Frau an. Die Männer besorgen das Feuerholz und bereiten den Ofen vor. Die Tradition will es, dass das Kochgeschehen von Liedern, Lachen und fröhlichen Scherzen begleitet wird. Die ganze Prozedur dauert einen Tag und eine Nacht. Während dieser Zeit muss der entstehende Brei immer gerührt werden, um ein Anbrennen zu verhindern. Diese gemeinsame Tätigkeit fördert, so wird gesagt, den Zusammenhalt zwischen den Bewohnern einer Makhalla.

Frauen spielen in der Makhalla auf organisatorischer und funktionaler Ebene eine wichtige Rolle. Gemäß einem Dekret vom 2. März 1995 muss Vize-Vorsitzender jeder Makhalla eine Frau sein. Zudem wurden gewählte Frauen-Komitees auf Makhalla-Ebene etabliert, die auf der mittleren Ebene einen Rayon bilden. Diese sind wiederum auf Landesebene, mit Sitz in Taschkent, zusammengefasst.

Frauen auf lokaler Ebene helfen in allen täglichen Angelegenheiten, also nicht nur bei der Organisation und Durchführung der Feste, sondern auch bei der Jobsuche oder bei der Unterstützung Bedürftiger. Einige dazu befähigte Frauen nehmen sich auf freiwilliger Basis der religiösen Erziehung von Kindern oder Frauen an (Halpa oder Atin) oder heilen auf traditionelle Art (Tabib).

Eine „Halpa" (im Ferganatal heißen Frauen mit vergleichbaren Fähigkeiten Atin) ist eine weise Frau, die den Koran, der auf arabisch geschrieben ist, lesen, Mädchen und Frauen in religiösen Dingen unterrichten, Gebete bei Trauerfeiern, den „Marakas", sprechen und bei Zusammenkünften von Frauen Liebesgesänge und religiös-mystische Lieder vortragen kann. Eine Halpa ist in der Makhalla eine wichtige Persönlichkeit und eine vielbeschäftigte Frau.

Der Zusammenhalt, der durch das Gemeinschaftsleben innerhalb einer Makhalla entsteht, wird treffend durch das usbekische Sprichwort umschrieben: „Jedes Kind hat sieben Eltern in der Makhalla."

Vor dem Hintergrund des Makhalla-Lebens kann sich nun der Besucher von Usbekistan die Feste besser vorstellen, die stets im großen Stil mit hundert und mehr Gästen, meist im eigenen Haus, gelegentlich auch im Restaurant, ausgerichtet werden. Allerdings muss einschränkend gesagt werden, dass dies nur für die Usbeken, also für 73 Prozent der Bevölkerung gilt. Andere ethnische Gruppierungen feiern entweder in Anlehnung an diese Traditionen oder gemäß ihrer eigenen Herkunft.

Über den Ursprung des Sumalak gibt es einen Mythos: Vor vielen Jahren wurde eine Stadt von Nomaden angegriffen und belagert. Als die Nahrungsmittel knapp wurden, kochten die Einwohner aus dem letzten Sack nassem und bereits sprießendem Korn ein Gericht, das zwar abstoßend aussah, den Belagerten aber eine solche Energie gab, dass sie die überraschten Nomaden zurückschlagen konnten. Dadurch wurde der Frieden in der Stadt wieder hergestellt.

Kulinarische Köstlichkeiten der Feste

Bei festlichen Zusammenkünften steht selbstverständlich, wie überall auf der Welt, die Bewirtung mit Speis und Trank ganz im Vordergrund. Bei usbekischen Geselligkeiten gelten dabei meist bestimmte Speisenfolgen, die nach finanziellen Mitteln ausgeweitet oder eingeschränkt werden können.

Zu Beginn der Einladung stehen auf dem Tisch immer viele kleine Schälchen mit Nüssen, Aprikosenkernen, Pistazien, Mandeln, Rosinen, verschiedenen Salaten (üblicherweise 4 Sorten), Käse, Wurst, Hühnerbeinen, sowie mit Bonbons, Schokolade und verschiedenen Kuchenarten.

Zuerst werden meist die Salate gegessen. Der zweite Gang sollte „flüssig", also eine Suppe, der dritte „fest" sein. Diese Speisenfolge trifft auch für große Feste wie Hochzeiten zu. Bei Hochzeiten darf jedoch die mehrschichtige Hochzeitstorte vom Konditor nicht fehlen.

„Plov", das Nationalgericht, wird folgendermaßen zubereitet:

Mohrrüben und Zwiebeln schälen und klein schneiden, Fleisch (Rind, Lamm oder Huhn) in größere Stücke schneiden. In einem großen Topf zuerst das Fleisch in heißem Öl anbraten, Karotten und Zwiebeln dazu geben, zwei Minuten mit braten und dann 20 Minuten bei geschlossenem Deckel – mit niedriger Temperatur – köcheln lassen. Reis hinzugeben, alles glatt streichen und mit kochendheißem Wasser auffüllen. Zunächst bei hoher Temperatur zum Kochen bringen und dann bei niedriger Temperatur mit geschlossenem Deckel 30 bis 40 Minuten ziehen lassen.

Was die Gewürze anbetrifft, so gibt es verschiedene Arten von Plov, zum Beispiel mit Knoblauch, mit Rosinen, mit Quitten, mit Erbsen oder mit frischem Paprika. Als Grundgewürz, neben Salz, sind Zira (Kreuzkümmel), eventuell roter scharfer Paprika und Barbaris vorgesehen. (Es wird berichtet, dass Plov wegen des oft verwendeten Baumwollöls schwer verträglich sei. Meine Erfahrung ist eine Gegenteilige.)

Neben dem Plov werden auch Speisen, die sich bei Festen und im Alltagsleben großer Beliebtheit erfreuen, gereicht, so zum Beispiel:

- Somsa

  mit Fleisch, Kartoffeln oder Kürbis gefüllte Teigtaschen, die in einer Art Tandoori-Ofen gebacken werden. Diese Leckerei kann man frisch an vielen Straßenecken kaufen.

- Manti

  mit Fleisch, Zwiebeln, Paprika, Pfeffer und Kreuzkümmel gefüllte Teigtaschen, die im Dampf gegart werden.

- Gömma

  gefüllte Teigtaschen, die in Öl gebraten werden.

- Tuxumbarak

  Teigtaschen, die mit rohen Eiern gefüllt und im kochenden Wasser gegart werden. (Barak entspricht in etwa den russischen Pelmeni.)

29 Zubereitung von Plov

30 Zubereitung von Plov

31 Beim Kochen

32 Beim Kochen

33 Tandoori-Ofen

50

Wiegenfest, Beshik To´y

Das Wiegenfest wird nur beim ersten Kind, egal ob Junge oder Mädchen, begangen. An diesem Tag wird das Baby zum ersten Mal in die Wiege gelegt. Bei der Feierlichkeit, die immer zu Hause stattfindet, sind vorwiegend Frauen – Verwandte, Nachbarn und Freunde – eingeladen. Sänger und wenigstens eine Tänzerin sowie eine Halpa, eine angesehene weise Frau, die auch manchmal eine Heilerin sein kann, sind zentrale Persönlichkeiten des Festes.

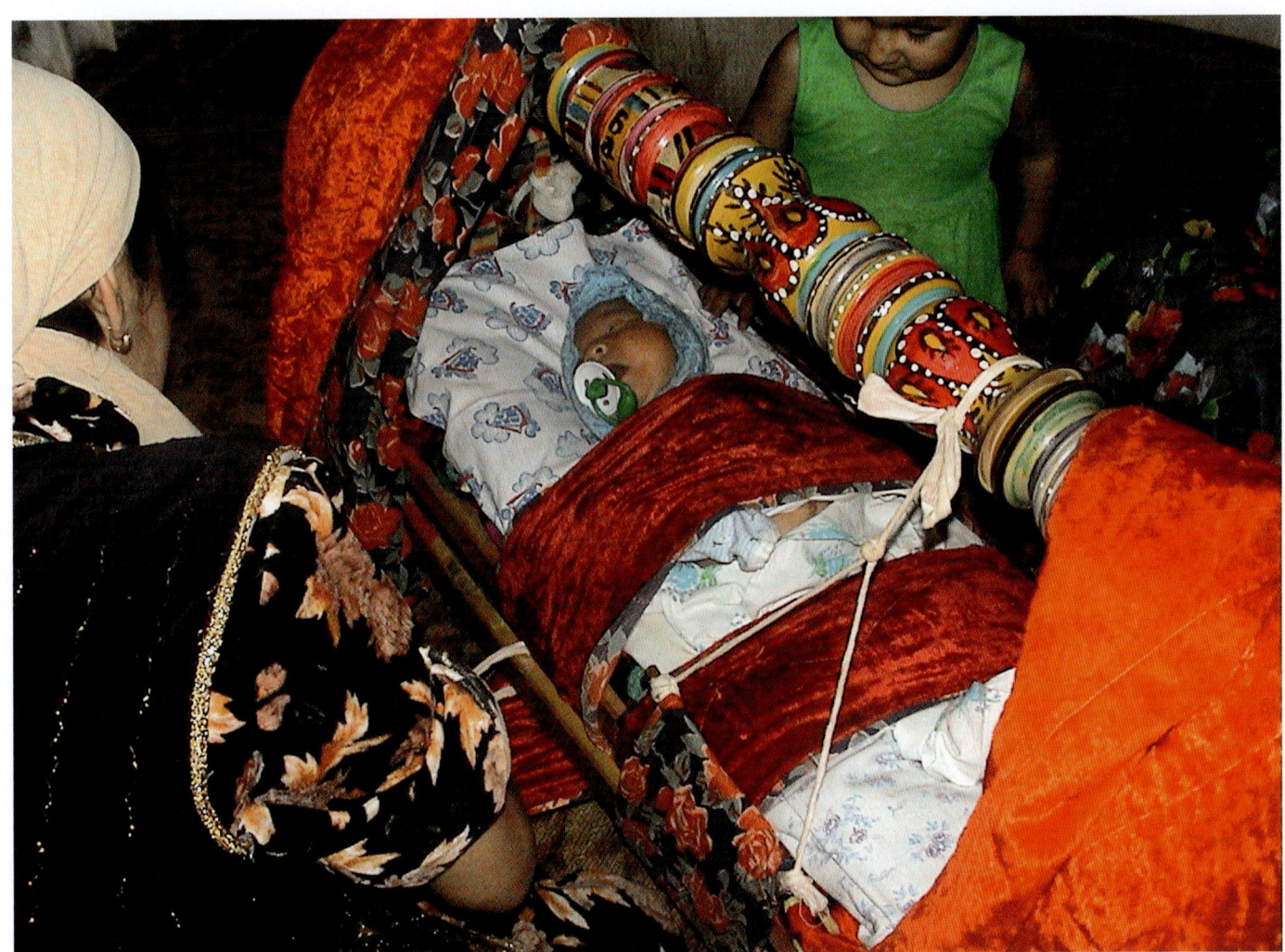

34 Traditionelle Wiege

35 Vorbereitung für die Nacht

Noch heute ist die traditionelle Wiege üblich, in der das Baby nachts fest eingebettet wird. Damit es nicht nass liegt, gibt es kleine Holzvorrichtungen, die dafür sorgen, dass der Urin in das darunter liegende Töpfchen fließt.
Eine äußerst familienfreundliche Maßnahme ist der verbriefte Mutterschaftsschutz in Usbekistan. Er sieht vor, dass ein Mutterschafts-Urlaub von 70 Tagen vor und 56 Tagen nach der Geburt vollständig bezahlt wird. Jede Frau kann außerdem noch zwei Jahre mit einer gewissen Einkommensreduzierung und ein zusätzliches Jahr ohne Bezahlung in Anspruch nehmen. Dieselbe Regelung gilt auch für Väter, Großmütter oder andere Verwandte, die sich um das Neugeborene kümmern. Die jeweilige Arbeitsstelle bleibt selbstverständlich erhalten.

Beschneidung, Sunnat To´y

Im Islam bedeutet „Sunnat" die Befolgung von Praktiken, die vom Propheten gelehrt wurden. Bei der Beschneidung handelt es sich um eine tief verwurzelte Tradition, die fast den Status von Gesetzeskraft erlangt hat. Dabei sind vier Aspekte von Bedeutung: das Alter des Kindes, seine Vorbereitung auf die Zeremonie, die Durchführung der Beschneidung sowie die „Aufmerksamkeiten", das heißt die reichlich mitgebrachten Geschenke.

In Usbekistan ist der kleine Junge bei der „Beschneidungs-Hochzeit" meist drei, fünf oder sieben Jahre alt. Durch prachtvolle Kleidung und spezielle Zuwendungen wie spektakuläre Autofahrten oder Ausritte auf dem Pferd wird er positiv auf das Ereignis eingestimmt. Das Amulett auf

37 Chiwa: Beschneidungsfeier, kleiner Junge im Festgewand

dem Rücken der Festkleidung soll ihn zudem gegen den „bösen Blick" schützen. Die Vorfreude auf seinen Festtag wird noch dadurch erhöht, dass die Beschneidung als ein entscheidender Wendepunkt in seinem Leben hervorgehoben wird. Die Erwartung der zahlreichen Geschenke tragen zum Hochgefühl bei.

Am Beschneidungsfest selbst nehmen sowohl Männer als auch Frauen teil. Mit bis zu 500 Gästen wird der kleine Junge spektakulär gefeiert. Eine solche Größenordnung sprengt oft die Bewirtungsmöglichkeiten eines Hauses. Daher werden viele Beschneidungszeremonien in einem Restaurant veranstaltet. Der Besuch in der Moschee und das gemeinsame Gebet mit einem Mullah sind dabei obligatorisch.

36 Chiwa: Beschneidungsfeier, kleiner Junge im Festgewand

38 Chiwa: Beschneidungsfeier, Gebet mit einem Mullah

Schutz gegen den „bösen Blick"

Der Schutz gegen den „bösen Blick" ist in allen mir bekannten islamischen Ländern weit verbreitet. Hier in Usbekistan findet man zahlreiche Kreationen, die über der Tür oder an der Wand hängen. Zwar kannte ich die berühmte Hand der Fatima, aber ich wusste nicht, dass auch die stilisierten Pfefferschoten auf Tüchern, Schals oder Krawatten gegen den „bösen Blick", also gegen das Zufügen von Leid, Schmerzen und Schaden durch missgünstige Personen, Schutz bieten sollen.

39 Amulett gegen den bösen Blick

40 Symbole gegen den bösen Blick

Hochzeit, Nikosh To´y

Die Hochzeit bedeutet für Usbeken mehr als für Europäer. Sie gliedert sich in drei Abschnitte: Vorhochzeit, Hochzeit und Nachhochzeit. Die Vorhochzeit umfasst das Brautwerben, den Heiratsvertrag und die Verlobung. Die Hochzeit besteht aus dem Zusammensein der Braut mit ihren Freundinnen, der Ankunft des Bräutigams im Haus der Braut, der Eheschließung und dem Hochzeitsfest. Die Nachhochzeit sieht die Begutachtung der Mitgift, die Rückkehr der Braut in das Elternhaus, die Einladung des Bräutigams, die Begegnung mit den neuen Eltern und deren Ehrung vor.

41 Darstellung eines Hochzeitsfestes, Buchara, 1578–1579

42 Traditionelle Hochzeit

Die Vorhochzeit

Wenn sich die Eltern des zukünftigen Brautpaares einig sind, schicken sie die Brautwerber in das Haus der Braut. Heutzutage ist es selbstverständlich, dass die Brautleute selbst mit der Vermählung einverstanden sein müssen. Dies ist in der usbekischen Verfassung verankert. Im Elternhaus der Braut kommt es sodann zur Verlobung, die durch das „Non Sindirisch", das Brechen des Brotes, gefestigt wird. Diese Handlung wird mit vielen Gästen vollzogen.
Der Verlobung folgt der „Foticha To´y", der Segen. Er wird wiederum üppig begangen. Dabei bringen Vertreter des Bräutigams den Eltern der Braut zahlreiche Geschenke. Erst dann wird der Hochzeitstermin vereinbart.

43 Standesamtliche Hochzeit

Die Hochzeit

Die Hochzeit selbst wird in zwei Etappen gefeiert, am Morgen im Haus der Braut und am Abend im Haus des Bräutigams. Am Morgen wird „Plov" gereicht. Die bis zu 1.000 geladenen Gäste haben die moralische Pflicht, der Hochzeit beizuwohnen und den zukünftigen Eheleuten Glück zu wünschen.

Nachmittags holen der Bräutigam und seine Freunde die Braut ab. In dieser Zeit werden die traditionellen Musikinstrumente, Karnai und Surnai, angestimmt. Die Braut verabschiedet sich von ihren Eltern und dem Elternhaus und fährt mit ihrem Bräutigam in dessen Haus.

44 Traditionelle Hochzeit

Am Hochzeitstag liest der Imam der Moschee für Braut und Bräutigam das „Hutbai Nikosh", das Gebet für die Eheschließung. Dadurch werden sie vor Gott Mann und Frau. Der Imam erklärt den Neuvermählten zudem ihre Rechte und Pflichten. Erst nach dem „Nikosh" geht das Brautpaar zum Standesamt. Dabei trägt die Braut üblicherweise ein langes, weißes Hochzeitskleid, das man auch ausleihen kann, der Bräutigam einen dunklen Anzug.
Der Schwerpunkt der Hochzeitsfeier liegt im Haus des Bräutigams. Obwohl heute manche Usbeken die Hochzeit in einem Restaurant feiern, wird sie doch meistens direkt im Hof des Hauses organisiert. Die Eltern laden berühmte Sänger und wenigstens eine Tänzerin – das unerlässliche Merkmal jeder usbekischen Hochzeit – ein. Die Gäste essen, unterhalten sich und tanzen. Bei dieser Gelegenheit trägt die Braut wiederum traditionelle Kleidung. Die Neuvermählten werden im Laufe des Abends großzügig beschenkt, nicht selten in Geldform. Nach dem Fest wird das Ehebett gerichtet.

Die Braut ist beim Hochzeitsfest gehalten, sich während der ganzen Feier bescheiden und demütig zu verhalten. Dies konnte in früheren Zeiten nur von den unmittelbaren Tischnachbarn beobachtet werden. Heutzutage jedoch wird sie meist gefilmt und erscheint während der ganzen Feierlichkeit für alle sichtbar auf dem Bildschirm. Für die Braut gilt es daher als äußerst anstrengend, über Stunden eine würdige Haltung zu bewahren.

45 Traditionelle Hochzeit

46 Traditionelle Hochzeit mit Tänzerin

Die Nachhochzeit

Am folgenden Morgen beginnt die letzte Handlung, „Kelin Salom", der Gruß der Braut. Im Hof des Brautpaars sammeln sich die Eltern des Bräutigams, seine Verwandten, Freunde und Nachbarn. Nacheinander kommen alle mit Wünschen und Geschenken für die Braut. Die Braut begrüßt jeden und bedankt sich für die Geschenke. Diese Handlung beendet die notwendigen Zeremonien des Hochzeitfestes.

47 Traditionelle Hochzeit mit Video-Übertragung

Die Eltern, speziell die des Bräutigams, geben häufig ihr ganzes Vermögen für die Hochzeit aus. Ein usbekisches Sprichwort sagt: „Zuerst arbeitet ein Usbeke, um seinen Sohn aufzuziehen, dann um ihn zu verheiraten". Der „Kalym" stellt eine „Kompensationszahlung" der Eltern des Bräutigams an die Eltern der Braut dar. Er gilt offiziell als abgeschafft, wird jedoch zur Finanzierung der Hochzeitsfeierlichkeiten immer wieder gegeben. Insgesamt besteht eine gesellschaftliche Erwartungshaltung, überbordende Hochzeiten zu veranstalten und hohe Kalym-Zahlungen zu erfüllen. Das führt zu überproportionalen wirtschaftlichen Belastungen und folglich zu schwerwiegenden ökonomischen Problemen in den betroffenen Familien.

Eine junge Usbekin berichtete mir Folgendes von ihrer eigenen Hochzeit: Die Vorhochzeit ist in der Zuständigkeit der Brauteltern. Sie dauert zwischen sieben und vierzehn Tagen. Traditionellerweise wird sie von den Frauen zelebriert. Ihr materieller Beitrag erstreckt sich zum Beispiel auf Reis, Öl, eine Kuh, ein Schaf oder auch Stoffe für Kleider, Sitz- und Steppdecken. Von der Braut wird erwartet, dass sie Möbel (Bett, Schrank, Frisierkommode), Teppiche (mindestens zwei), Bettwäsche und Geschirr mit in die Ehe bringt.

    Die Familie des Mannes richtet die Hochzeit aus. Außerdem schenkt der Bräutigam seiner zukünftigen Frau Goldschmuck. Erwartet werden mindestens eine Kette, mehrere

Ringe und Ohrringe. Die Familie des Mannes zahlt darüber hinaus "alle Bekleidungsstücke" der Braut. Hinzu kommt der Brautpreis, Kalym, von ungefähr 200 Dollar. Ihre eigene Hochzeit, einschließlich der Tänzerinnen und Sänger, habe 3000 Dollar gekostet.

Usbeken sparen ihr ganzes Leben für die eigenen Feste und um innerhalb der Makhalla arme Leute bei deren Festen finanziell zu unterstützen.

Was die Partnerwahl anbetrifft, so erzählte sie mir eine Geschichte aus früheren Zeiten: Wegen einer Verfehlung sollte ein junges Mädchen, genannt Pari, bestraft werden. Ein Bediensteter namens Dev sollte sie auf den Schultern tragend in die Wüste bringen und dort aussetzen. Dev verliebte sich jedoch in die schöne Pari, ließ sie nicht allein, sondern heiratete sie. Deshalb, so wird gesagt, sind alle Frauen im Choresm (die Gegend um Chiwa) so schön wie Pari und alle Männer so stark wie Dev.

48 Khosrow beobachtet Shirin beim Baden, siehe: Der Mythos von „Khosrow und Shirin", S. 192, Herat, 1442

Beerdigung und Totenfeiern

Durch Beerdigungen und Totenfeiern wird das Leben der Usbeken fast noch mehr beeinflusst wie durch die gerade beschriebenen freudigen Ereignisse. So beinhalten die Totenfeiern zahlreiche Gedenkrituale, die über das ganze folgende Jahr, und meist Jahre darüber hinaus, verteilt sind. Die Beteiligung der Betroffenen an diesen Trauerritualen ist eine moralische Pflicht. Sie wird daher als häufiger Grund für Fehlzeiten am Arbeitsplatz akzeptiert.

Anders ausgedrückt: Da das Reglement der Totenfeiern umfangreich und die Zahl der Gäste groß ist, vergeht im Leben eines erwachsenen Usbeken kaum ein Monat, häufig kaum eine Woche, ohne dass er an einer Feier zum Gedenken an einen Verstorbenen teilnehmen muss.[2]

In der Regel übernimmt ein Mann die Benachrichtigung aller Familienmitglieder beim Tod eines Angehörigen. Eine Mitteilung per Post oder Telefon ist ausgeschlossen. Nur wenn ein Angehöriger tausend Kilometer oder weiter entfernt wohnt, kann eine Ausnahme gemacht werden.

49 Grabbauten

Wenn man den Nachrichtenübermittler bittet hereinzukommen und er folgt der Aufforderung nicht, weiß man, dass es sich um einen Todesfall handelt.

Die am Sterbebett versammelten Personen sagen beim Eintritt des Todes ein Gebet. Sie schließen die Augen des Toten, legen ihn auf den Boden und bedecken ihn mit einem weißen Tuch. Es wird nach einem Imam oder einem Mullah gesandt, der während der ganzen Beerdigungsvorbereitungen anwesend ist. Besonders wichtig ist, den Toten noch am selben Tag zu beerdigen.

Die Frauen der Familie brechen unmittelbar nach dem Eintritt des Todes in lautes Wehklagen aus. Sie werden dabei von ihren weiblichen Verwandten und Nachbarn unterstützt. Die Männer versammeln sich währenddessen im Hof des Hauses oder vor dem Haus. Sie zeigen ihre Trauer auf ruhige Art.

Der Körper des Toten wird während dieser Zeit gewaschen, in ein weißes Gewand gehüllt, in einen Sarg gelegt und nach außen gebracht. Das Waschen der Leiche wurde früher meist von professionellen Totenwäschern vollzogen. Heute übernimmt diese Tätigkeit häufig ein Mullah, ein naher Angehöriger oder ein Nachbar. Alle Vorbereitungen werden von Lesungen aus dem Koran, vorzugsweise die 6. Sure, begleitet.

Nach Ordnung der Nachlassangelegenheiten bringt man den Toten in die Moschee. Das hier stattfindende Gebet ist „Gemeinschaftspflicht". Der Vorbeter stellt sich bei einem Mann an das Kopf-, bei einer Frau an das Fußende. Wie im Grab liegt der Tote meist auf der rechten Seite mit dem Gesicht in Richtung Mekka. Nach einer Reihe von Gebeten wird der Tote von der Moschee zum Friedhof getragen. Da es verdienstvoll ist, die Bahre zu tragen, wechseln sich die Träger öfters ab. Die eigentliche Grabzeremonie ist kurz. Zu ihr gehört die Belehrung des Toten durch den Vorbeter. Ihm wird mitgeteilt, welche Antworten er den Grabesengeln Munkar und Nakir zu geben hat.

Moslems glauben, dass die Seele des Toten, nachdem sie von einem Erzengel geprüft worden ist, in ihrem Grab den Tag des Jüngsten Gerichts erwartet. Da angenommen wird, dass die Handlungen der Lebenden das Wohlergehen des Toten beeinflussen, müssen zahlreiche Gedenkrituale vollzogen werden.

„Maraka", die Gedenkrituale, werden am 3., 7. und 40. Tag, an den vier aufeinander folgenden Donnerstagen sowie sieben und neun Monate nach dem Sterbetag abgehalten. Im ersten Sommer nach dem Tod wird den Trauergästen ein spezielles Gericht „Yaz Ashi" gereicht. Die aktiven Gedenkfeierlichkeiten werden mit Ende des ersten Jahres beendet. Danach wird, solange noch Verwandte leben, ein jährliches Gedenken abgehalten.

Bei jedem Maraka kondolieren alle, die dem Toten und seiner Familie nahe stehen. Diese Besuche erstrecken sich über den ganzen Tag. Dabei wird zwar Essen gereicht, aber die Etikette erfordert, dass nur sehr wenig davon genommen wird. Ein Mullah zitiert während dieser Zeit für die Männer und eine Halpa für die Frauen Koranverse. Das Lesen des Korans soll dem Verstorbenen helfen, Gnade vor Gott zu finden.

Es ist üblich, dass nahe Angehörige sich an den Kosten der Marakas finanziell beteiligen. Diese Verpflichtung wird in der Regel bereitwilliger befolgt als die finanzielle Unterstützung bei Hochzeiten.

Um die Seele des Toten zu erfreuen, wird an den vier Donnerstagen nach dem Tod Plov gekocht. Der Grund wird von einem Usbeken folgendermaßen erklärt.[3]

---

[2] Die konkreten Rituale werden in verschiedenen Veröffentlichungen der Ethnologinnen Krisztina Kehl-Bodrogi und Sigrid Kleinmichel detailliert beschreiben.
[3] Krisztina Kehl-Bodrogi, „The Living and the Dead: Images of the Afterlife and Commemoration Rituals among Khorezm Uzbeks", unveröffentlichtes Manuskript, 2007, p. 8.

50 Chiwa: Mausoleum des Pahlawan Mahmud

„Jede Woche zwischen Donnerstag und Freitagmittag besuchen die Toten die Stätten, an denen sie gelebt haben. Wenn ihre Angehörigen dann kein Plov kochen und kein ‚Potya', keine Gebete sprechen, gehen sie zu entfernteren Verwandten und schließlich zum Mullah. Potya für die Seelen des Toten zu sprechen, ist für den Moslem eine wichtige Pflicht, denn mit jedem Potya wird das Sündenregister des Toten kürzer. Dadurch hilft der Lebende dem Toten, die Prüfungen des Jüngsten Gerichts zu bestehen. Wenn wir fertig gegessen haben, fühlen sich die Seelen, als hätten sie mit uns gegessen."

Die Sitte, für 40 Tage ein Glas Wasser auf die Fensterbank zu stellen, entspricht auch der Vorstellung, dass Tote essen und trinken müssen. Überhaupt ist die Zahl „40" für Moslems eine bedeutungsträchtige Zahl. Dies fängt mit „Ali Baba und die vierzig Räuber" an und hört bei Gedenkritualen für Tote auf.

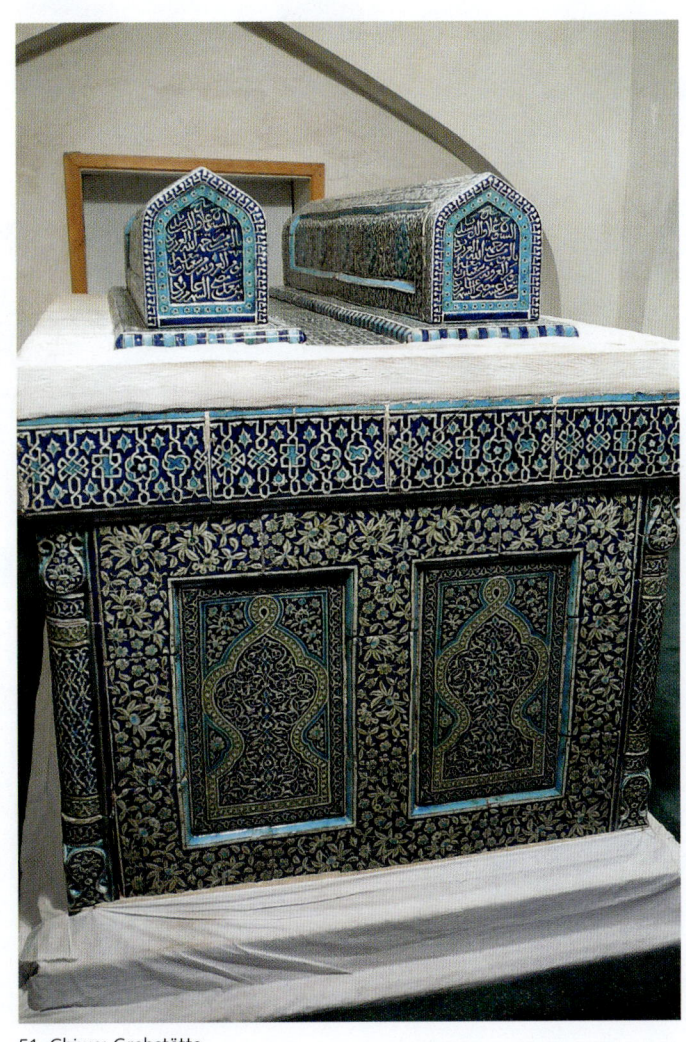

51 Chiwa: Grabstätte

Wallfahrten

Für das Heil der eigenen Seele oder zur Erfüllung eher irdischer Wünsche besuchen Moslems – seit der Unabhängigkeit in zunehmendem Maße – spezielle Pilgerorte. Diese Wallfahrtsorte sind häufig Friedhöfe, in denen eine heilige oder ehrwürdige Person begraben liegt. Durch die Nähe zum Heiligen werden sowohl Lebende als auch Tote gesegnet. Friedhöfen und Gräbern wird somit eine überirdische Kraft zugeschrieben.

52 Buchara: Pilgerstätte Naqshband mit Gebetsbrunnen

Heilige sind für Moslems Gott nahe. Sie können daher als Vermittler zwischen dem Menschen und Gott wirken. Der Beweis für ihre Heiligkeit sind Wunder, die sie zu ihren Lebzeiten vollbracht haben.

Wunder sind das Anzeichen dafür, dass sie Gnade in den Augen Gottes gefunden haben. Diesen göttlichen Segen, „Baraka", behält der Heilige über seinen Tod hinaus. Er kann ihn auf den Pilger übertragen.

Vor dem Schrein des Heiligen sagen die Pilger leise ihre Gebete, übermitteln dem Heiligen ihr Anliegen und küssen oder berühren den Grabstein. Da geglaubt wird, dass alles in der Nähe des Heiligengrabes den göttlichen Segen empfängt, wird üblicherweise dort Brot oder Kuchen gegessen. Reste davon bringt man den Verwandten und Nachbarn mit. Aus demselben Grund schöpfen die Gläubigen auch Wasser aus dem Gebetsbrunnen.

Pilgerstätten oder heilige Schreine sind typischerweise mit einer Moschee verbunden. Ein Imam ist dort für die religiösen Verrichtungen verantwortlich. Die Aufgaben des Mullahs dagegen sind, aus dem Koran zu lesen und den Pilgern Segenssprüche zu erteilen, ein Dienst, für den er eine Geldgabe erhält.

Berühmte Wallfahrtsorte sind die Gräber von Naqshband bei Buchara oder von Pahlawan Mahmud in Chiwa sowie die Nekropole Schah-i Sinda in Samarkand.

Die Kenntnis der zentralasiatischen Kunst wird durch zahlreiche spezifische, dem Laien fremde Begriffe und Fachausdrücke erschwert. So war der „Iwan" zum Beispiel in der persischen Architektur ursprünglich ein Empfangssaal. Doch in der usbekischen Volksarchitektur bedeutet er einen überdachten, mit Stützpfosten versehenen Umgang oder Vorraum. Auch das persische Wort „Chanaka" erhielt im Usbekischen einen anderen Sinn: Eine Chanaka kann eine Herberge sein, die meist neben einem heiligen Grab liegt, oder ein Derwischkloster. „Mazar" bedeutet eigentlich Grab. Im weiteren Sinn des Wortes wendet man den Begriff jedoch auch auf einen Friedhof oder eine heilige Stätte an, an der eine geehrte und geachtete Persönlichkeit begraben liegt.

53 Buchara: Pilgerstätte Naqshband, Innenhof, Iwan

Sakrale Kunst

Die vier großen „M"s der islamischen Architektur, die Mausoleen, die Moscheen mit ihren Minaretten und schließlich die Medresen, die Koranschulen, sind in den meisten Kunstbüchern und Reiseführern nach Orten gegliedert. Diese herausragenden Bauwerke werden dort in allen architektonischen Einzelheiten beschrieben. Um das Verlieren im Detail zu vermeiden, möchte ich hier nur einzelne Vertreter der jeweiligen Gattung erwähnen. Anhand dieser hervorgehobenen Beispiele lassen sich die Schönheit und Besonderheit der einzelnen „M"s sodann besser erschließen.

Grabbau: Mausoleum – Nekropole

Ein Mausoleum ist ein monumentaler Grabbau, eine Nekropole, eine Totenstadt, die in ihrer Form auf Begräbnisstätten des Altertums zurückgeht. Ein Hauptthema des Grabbaus ist der Memorialbau, errichtet als Gedenkstätte für einen oder mehrere Heilige (Naqshband). Das zweite große Thema der Grabarchitektur ist das Herrschergrab (Gur-i Emir, Schah-i Sinda, Mausoleum der Samaniden) sowie das Grab bedeutender Persönlichkeiten (Pahlawan Mahmud).

Mausoleen sind in Mittelasien in großer Anzahl und manchmal auch in relativ gutem Zustand erhalten. Sie wurden wegen ihrer religiösen oder regionalen Bedeutung über die Jahrhunderte immer wieder restauriert. Da ein vornehmer Moslem beizeiten für seine ewige Ruhestätte sorgte, wurde das Mausoleum deshalb meist bereits zu seinen Lebzeiten errichtet.

In ihrer architektonischen Gestaltung und Ausschmückung sind die Mausoleen sehr unterschiedlich. Doch eines haben sie gemeinsam: Sie sind alle mit einer Kuppel versehen. Die Grundform des Mausoleums ist die Kuppel über dem Quadrat oder über einem Polygon. Ein eindrucksvolles Beispiel dafür ist das Samaniden-Grab in Buchara. Das Dekor der Mausoleen ist hauptsächlich ins Innere verlegt. So sind Fliesenausstattungen von außergewöhnlicher Farben- und Formenschönheit entstanden.

Schon früh, in Zentralasien ab dem 12. Jahrhundert, entstanden Mausoleen in Verbindung mit religiösen und sozialen Einrichtungen wie Krankenhäusern. Dies erlaubte die Verlegung der Grabstätten von außerhalb der Stadt liegenden Nekropolen – wie die der Gräberstraße Schah-i Sinda von Samarkand – an prominente Orte in der Innenstadt – wie die des Grabs von Pahlawan Mahmud in Chiwa.

54 Samarkand: Schah-i Sinda, Eingang in das Mausoleum

55 Samarkand: Schah-i Sinda, Kuppel eines Mausoleums

Mausoleum der Samaniden in Buchara

Eines der ältesten islamischen Mausoleen Mittelasiens ist die Grabstätte der Samaniden. An der Wende vom 9. zum 10. Jahrhundert gebaut, gilt sie zu Recht als klassisches Meisterwerk der zentralasiatischen Baukunst.
Verschiedene schriftliche Quellen und mündliche Überlieferungen behaupten, dass es Ismail Samani (er herrschte von 892 bis 907) zu Ehren seines Vaters errichten ließ. Er soll später selbst in diesem Mausoleum begraben worden sein. In seiner Einfachheit ist dieser würfelförmige Backsteinbau von einzigartiger Ausgewogenheit und Eleganz. Das Mausoleum ist nicht nur wegen seiner Architektur berühmt. Von Bedeutung ist es auch deshalb, weil hier zum ersten Mal für eine bedeutende Persönlichkeit des islamischen Orients ein Grabmal errichtet wurde. In den Zeiten davor wurden auch hohe Würdenträger in einfachen Gräbern unter der Erde bestattet.

56 Buchara: Mausoleum der Samaniden

Das Mausoleum zeugt davon, dass das Reich der Samaniden (819–999) nicht nur wegen seines entwickelten Handwerks Ruhm verdient, sondern auch wegen seiner künstlerischen Gestaltungskraft. Bei der Restaurierung des Mausoleums im Jahr 1934 wurden gleichzeitig die Gräber in seiner Umgebung eingeebnet. So ist das Grabmal der Samaniden heute in einer lieblichen Parklandschaft zu bewundern.

Pilgerstätte Naqshband bei Buchara

Etwas östlich von Buchara im Dorf Beha al-Din wurde Bakhaudin Naqshband (gest. 1389), einer der verehrtesten Heiligen des Sufismus, geboren. Dort befindet sich auch sein Grab. Naqshband war der Gründer des Sufi-Ordens. Später erhob man ihn zum inoffiziellen Schutzpatron von

58 Buchara: Pilgerstätte Naqshband

Buchara. Die Naqshbandi sind eine geheime, dezentrale, weder fanatische noch asketische Bruderschaft, die aus spirituellen Gründen Kontemplation und Rezitation mit bestimmten Körperhaltungen und Atemtechniken verbindet. Da die Begräbnisstätte des Naqshband schon bald nach seinem Tod zu einem Pilgerort wurde, ließ Abdulasis Khan II. 1545 in der Nähe des Grabes ein großes Chanaka, eine Pilgerherberge, erbauen. Im 19. Jahrhundert wurde die Anlage durch ein Minarett und zwei Moscheen ergänzt. 2003 wurde der ganze Komplex sorgfältigst restauriert. Die Tradition will es, dass der Pilger drei Mal – gegen den Uhrzeigersinn – um das Grab des Heiligen gehen muss. Aus dem formschönen Gebetsbrunnen wird außerdem das Segen spendende Wasser mit nach Hause genommen.

57 Buchara: Mausoleum der Samaniden

59 Buchara: Pilgerstätte Naqshband

60 Buchara: Grabstätte von Bakhaudin Naqshband

61 Buchara: Pilgerstätte Naqshband, Innenhof mit Maulbeerbaum

62 Buchara: Pilgerstätte Naqshband, Gräber

63 Traditioneller Seidenspinner

Die Seidenraupe

Den Innenhof dieses Wallfahrtsortes ziert ein großer Maulbeerbaum. Maulbeerbäume säumen oft die Ausfallstraßen der großen Städte. Im Frühjahr werden sie wie unsere Weiden beschnitten. Die Zweige werden von Bauern abgeholt, um damit ihre Seidenraupen zu füttern. Nach vierzig Tagen verpuppen sich die Tierchen. Die Kokons werden an eine Seidenfabrik verkauft, die die Seidenfäden abwickelt und verarbeitet. Maulbeerseide ist die edelste Seide und passt daher bestens zu Buchara, die seit Jahrhunderten „die Edle" genannt wird.

    Über die Entdeckung der Seidenraupe gibt es einen Mythos: Die chinesische Kaiserin

Si-Ling-Chi soll der Sage nach um 3000 v. Chr. aus Angst vor einer Schlange auf einen Maulbeerbaum geflüchtet sein. Dort beobachtete sie, wie sich eine unscheinbare Raupe in einen glänzenden Faden einhüllte. Die Kaiserin überlegte, dass es doch schön wäre, ein aus so schillernden Fäden gewirktes Kleid zu tragen. Si-Ling-Chi wurde durch ihren Einfall zur Schutzherrin und Göttin der Seidenraupen.

Wie man weiß, wurde das Geheimnis der Seidenraupen eifersüchtig bewacht. Dennoch schmuggelte eine chinesische Prinzessin, die 1000 Jahre später nach Korea verheiratet wurde, in ihrer Hochzeitsfrisur Seidenraupen-Eier in ihre neue Heimat.

Aber erst 300 n. Chr. fingen Japan und

Persien mit der Zucht der Seidenraupen an. Ab 500 n. Chr. war Byzanz die Wiege der europäischen Seidenproduktion.

Friedrich der Große förderte Ende des 18. Jahrhunderts in Deutschland die Seidenraupenzucht. Diese Kulturen wurden jedoch 1860 durch eine Krankheit vernichtet und erst während der zwei Weltkriege zur Anfertigung von Fallschirmseide wiederbelebt.

Mausoleum Gur-i Emir in Samarkand

Gur-i Emir (ein Emir, arab. Amir, ist ein „Befehlshaber, Gouverneur, Fürst"), das Mausoleum Timurs, des gewaltigen zentralasiatischen Herrschers des 14. Jahrhunderts, entstand um die Wende vom 14. zum 15. Jahrhundert. Es bestehen Vermutungen, dass der ganze Komplex noch kurz vor Timurs Tod, 1404, vollendet wurde.

Das Mausoleum Gur-i Emir ist eines der eindrucksvollsten Baudenkmäler Samarkands. Die türkisblaue Kuppel lenkt die Aufmerksamkeit des Betrachters schon von weitem auf diese architektonische und künstlerische Kostbarkeit. Die Kuppel durchziehen 63 Rippen – für jedes Lebensjahr Mohammeds eine Rippe.

65 Grabanlage Gur-i Emir, Innenansicht

Timur hatte seinen Lieblingsenkel Sultan Mohammed zum Thronfolger bestimmt, doch Mohammed fiel im Jahre 1403 während des persischen Feldzuges. Man brachte seinen Leichnam nach Samarkand, der damaligen Hauptstadt des Timuridenreiches, und bestattete ihn vorläufig in der nahen Chanaka. Im folgenden Jahr ließ Timur das Mausoleum errichten, in dem Mohammed und später auch Timur selbst ihre endgültige Ruhestätte fanden.

Das Volk vergaß allerdings den ursprünglichen Namen des Mausoleums und bezeichnete es nur noch als Gur-i Emir, als Grab des Emirs, denn Timur hieß in Samarkand stets „der Emir".

64 Grabanlage Gur-i Emir, Innenansicht

66 Grabanlage Gur-i Emir

Die Bedeutung Timurs

Seit der politischen Unabhängigkeit ist Timur (1336–1404), auch als Tamerlan oder Tamerlano bekannt, zur nationalen Identifikationsfigur geworden. Überall gibt es Timur-Statuen, Timur-Gedenkstätten. Seine „Geburtsstadt" Schahr-i Sabz wurde touristisch wiederbelebt.

Während seiner Herrschaft (1370–1404) eroberte er Gebiete von der Mongolei bis zum Mittelmeer einschließlich Teilen von Russland, Indien, Afghanistan, Iran, Irak und Anatolien. Sein riesiges Reich ist durchaus vergleichbar mit dem Alexanders des Großen. Je nach Geschichtsschreibung werden seine Eroberungslust, seine militärischen, städtebaulichen und kunstfördernden Leistungen oder seine Grausamkeit betont.

67 Timur und seine Berater, modernes Fresko, Timur-Museum

68 Timur und seine Berater, modernes Fresko, Timur-Museum

Die arabische Inschrift, die sein Mausoleum ziert, lässt an poetischer Fantasie nichts zu wünschen übrig. Sie verkündet, dass Timur und Dschingis-Khan von einem gemeinsamen Ahnen abstammen, der nach unbefleckter Empfängnis das Licht der Welt erblickte. Des Ahnherrn Mutter, die Jungfrau Alakuw, wurde von den Sonnenstrahlen geschwängert, die durch das Himmelstor hindurch drangen. Die Legende vom gemeinsamen Vorfahren der beiden großen Feldherren sollte offensichtlich den Anspruch Timurs auf Weltherrschaft begründen.

69 Darstellung von Timur

70 Schah-i Sabz, Timur-Statue

Nekropole von Schah-i Sinda in Samarkand

Die berühmte Gräberstraße Schah-i Sinda, „Lebendiger Herrscher", liegt außerhalb Samarkands, am Rande der alten Stadt Afrasiab, die die Mongolen im Jahre 1220 zerstörten. Da das „neue" Samarkand nicht an der Stelle der „alten" Stadt Afrasiab wiedererbaut wurde, konnten spätere Ausgrabungen wenigstens eine Vorstellung der früheren Pracht zutage fördern. Eine Computer-Simulation ergänzt die gefundenen Fresken.

71 Afrasiab, das „alte Samarkand", Computersimulation des Festsaals

72 Samarkand: Medrese Ulug-Bek

Die Sage berichtet, dass in dieser Nekropole Kusam ibn Abbas, ein Neffe des Propheten Mohammed, begraben liegt. Er sei 676 nach Samarkand gekommen, um die Bevölkerung zum Islam zu bekehren. Während er und seine Anhänger ins Gebet vertieft waren, fielen Ungläubige über sie her und töteten alle. Kusam selbst wurde der Kopf abgeschlagen. Er starb jedoch nicht, sondern stieg – mit seinem Kopf im Arm – in einen tiefen Brunnen. Unter der Erde gelangte er in einen wunderschönen Garten, in dem er noch heute in aller Glückseligkeit lebt und herrscht.

73 Samarkand: Medrese Ulug-Bek

„Kusams Grab" wurde zu einer wichtigen Wallfahrtsstätte der Moslems. Man findet sein Mausoleum am hinteren rechten Ende der Gräberstraße und direkt daneben die Moschee Kusam ibn Abbas. Viele Mausoleen bedeutender Persönlichkeiten gruppierten sich der Tradition gemäß um dieses Grab.

Während der letzten Jahrzehnte wurden in der Nekropole umfangreiche archäologische Ausgrabungen durchgeführt, die Aufschluss über die einzelnen Mausoleen geben. Die meisten von ihnen konnten einzelnen historischen Persönlichkeiten zugeordnet werden. Links neben der Eingangspforte der Nekropole befinden sich zwei Moscheen, rechts gegenüber die Medrese des Dawlet-Kusch-Beki.

Schah-i Sinda war schon vor der Mongolenzeit ein Wallfahrtsort und ist es auf eindrucksvolle Weise geblieben. Noch zu Beginn des 20. Jahrhunderts durften Ungläubige allerdings die Nekropole nicht betreten. Wir Nicht-Moslems können uns daher heute glücklich schätzen, die kostbaren Außen- und Innenausstattungen bestaunen zu dürfen.

74 Samarkand: Grabanlage des Gur-i Emir

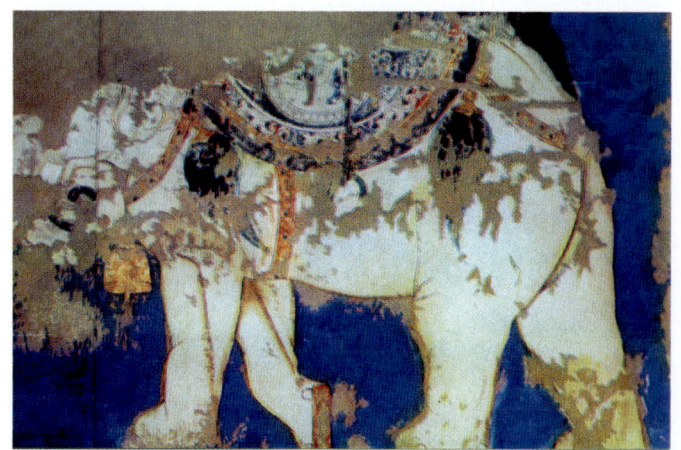

75 Samarkand: Afrasiab, alte Fresken

76 Samarkand: Afrasiab, alte Fresken

„Samarkand, das schönste Antlitz, das die Erde der Sonne je zugewandt hat", galt allerdings schon seit Urzeiten als eine, den Neuankömmling gastfreundlich aufnehmende Stadt. Ein alter Brauch, der an die Unbefangenheit gegenüber Fremden erinnert, wird von Amin Maalouf[4] beschrieben: „Wenn eine werdende Mutter auf der Straße einen Fremden trifft, der ihr vom Aussehen her gefällt, so soll sie ohne Furcht seine Nahrung mit ihm teilen, dann wird das Kind ebenso schön werden wie er, wird seine hohe Gestalt und die gleichen edlen und regelmäßigen Gesichtszüge bekommen."

---

[4] Maalouf, Amin, Samarkand, Frankfurt am Main 2001, S. 12.

77 Samarkand: Schah-i Sinda, früherer Zustand

78 Samarkand: Schah-i Sinda, Kuppeln mit Bemoosung

79–82 Samarkand: Schah-i Sinda, Ornamente

82

81

Mausoleum des Pahlawan Mahmud in Chiwa

Eines der bedeutendsten Memorialbauwerke Chiwas ist das Grabmal des bekannten Chiwaer „Helden" Pahlawan Mahmud (1247–1325). Um das Grabmal ist ein imposanter Mausoleumskomplex entstanden. Pahlawan Mahmud war kein Angehöriger der Oberschicht. Er war Kürschner. Dem Mythos zufolge soll er nicht nur bärenstark, sondern auch ein berühmter Krieger gewesen sein, ein Held, der keine Niederlage kannte.

83 Chiwa: Mausoleum des Pahlawan Mahmud

Als „Heldenvater" wurde Pahlawan Mahmud von der moslemischen Geistlichkeit zum „Pir", zum Heiligen, erklärt. Heute ist er der geistige Schutzpatron Chiwas. In der Nähe seines Mausoleums sind, der Tradition gemäß, zahlreiche Gräber gruppiert, so auch die der Khanfamilie. Von besonderer Bedeutung ist der Gebetsbrunnen. Sein Wasser soll speziell den Neuvermählten Segen spenden.

84 Chiwa: Mausoleum des Pahlawan Mahmud, Gebetsbrunnen

Der Sage zufolge wurde Pahlawan Mahmud wegen seiner unbezwingbaren Kräfte ausgesandt, um gefangene Mitstreiter zu befreien. Er soll dem Sieger der Schlacht so imponiert haben, dass dieser ihm gestattete, alle Gefangenen mit nach Hause zu nehmen, die auf eine Kuhhaut passen. Pahlawan Mahmud, der Kürschner, fertigte nun aus einem Kuhfell ein extrem dünnes Seil und umrundete damit eine erstaunlich große Anzahl von Gefangenen. Dem Herrscher blieb nichts anderes übrig, als sich der List Pahlawan Mahmuds zu beugen.

Moscheen

Mit einem Mausoleum ist meist eine Moschee verbunden. Die Moschee ist der Ort, an dem man zum Gebet „niederfällt". Man unterscheidet die kleineren Gebetsstätten von Freitags-Moscheen. Letztere müssen möglichst allen Gläubigen der Gemeinde Raum zum Freitagsgebet bieten. Prinzipiell kann ein Moslem überall beten. Es gilt jedoch als verdienstvoller, in einer Moschee seine Gebete zu verrichten.

Eine Moschee muss nicht unbedingt ein überdachtes Gebäude sein. Die ältesten arabischen Gebetsstätten bestanden aus einfachen rechteckigen, ummauerten Höfen. Die unterschiedlichen Gebäudetypen entwickelten sich erst später. Die riesigen mittelasiatischen Moscheen erinnern an die frühen arabischen Gebetshäuser, bei denen Säulen und Kuppelhallen einen rechteckigen Hof umgeben.

Jede größere Moschee weist einen „Mihrab", einen „Minbar", meist eine „Rahla" (Koranständer) und eine Waschanlage für die notwendige rituelle Reinheit zum Gebet auf. Die großen Freitags-Moscheen besaßen noch eine abgeschlossene Herrscherloge. Das Innere ist mit Matten und Teppichen ausgelegt und je nach Größe mit Leuchtern ausgestattet. Bilder und Kultgegenstände sind verboten. Das Betreten der Moschee ohne Schuhe ist selbstverständlich. Der Mihrab ist eine leere Nische in der Wand der Moschee, die die „Kibla", die Richtung nach Mekka, angibt. Der Mihrab ist im Grunde die einzig notwendige Symbolform der Moschee und trägt von Beginn an sakralen Charakter. Die Nische kann auch bildlich als Bogen auf einer Marmorplatte dargestellt werden. Häufig, speziell in Freitags-Moscheen, ist der Mihrab mit einer Minbar, einer Kanzel, auf der die Freitagspredigt gehalten wird, verbunden. Im Allgemeinen befindet sich die Minbar rechts von dem Mihrab.

Die Minbar diente ursprünglich als Herrscher- und Richtersitz der Emire oder Khane und ihrer Statthalter. Mit der Zeit wurde sie allerdings ausschließlich als Moscheekanzel analog zur christlichen Kanzel verwendet.

85 Moscheebau, Herat, 1494–1495

86 Buchara: Moschee Maghak-e Attari, eine der ältesten Moscheen Zentralasiens, heute Teppichmuseum

Bibi-Chanym Moschee in Samarkand

Timur hatte die Moschee Bibi-Chanym zum Gedächtnis an die Mutter seiner Frau nach indischen Vorbildern erbauen lassen. Sie galt als die schönste Moschee des Orients und die großartigste Leistung islamischer Architektur. Nach der Bauzeit von vier Jahren war sie 1404 fertiggestellt. Die Ausmaße der Vier-Iwan-Anlage waren gigantisch, ebenso die Vielfalt der Schmuckelemente. Hunderte von Säulen und Pfeilern trugen mehr als 400 Kuppeln. Dem gewaltigen Bauwerk war jedoch keine lange Lebensdauer beschieden. Die Anlage wurde bald baufällig und verfiel. Heute wird in aufwendigen Restaurierungsarbeiten versucht, die Moschee in ihrer alten Pracht wieder zum Strahlen zu bringen.

87 Samarkand: Moschee Bibi-Chanym

88 Samarkand: Moschee Bibi-Chanym

89 Samarkand: Sultan Sanjar und die alte Frau, moderne Miniatur auf Seide, Privatbesitz

90 Sultan Sanjar und die alte Frau, Isfahan, 1611–1612

Um den Ehrgeiz, die schönste Moschee der islamischen Welt zu erbauen, ranken sich zahlreiche Legenden. Eine davon wurde mir anschaulich erzählt:

Timur wollte bis zu seiner Rückkehr von einem Feldzug die wunderschönste Moschee aller Zeiten vollendet sehen. Die Aufgabe zur Überwachung der Bauarbeiten übertrug er seiner Lieblingsfrau Bibi-Chanym. Sie war äußerst bemüht, den Wunsch Timurs zu erfüllen und hatte deshalb häufig Kontakt mit dem Baumeister. Dieser verliebte sich unsterblich in sie. Für einen Kuss wolle er den prächtigsten Bau aller Zeiten in kürzester Zeit errichten. Zuerst weigerte sich Bibi-Chanym, aber als die Zeit drängte, gab sie nach. Der Kuss des Baumeisters war allerdings so heiß, dass er ein Brandmal auf ihrer Wange hinterließ.

Als Timur aus der Schlacht zurückkam, sah er das Brandmal, hörte den Zusammenhang und verurteilte sie zum Tode durch Sturz vom höchsten Minarett der Stadt. Bibi-Chanym erbat sich als letzten Wunsch, bei der Urteilsvollstreckung alle ihre schönen Kleider tragen zu dürfen. Timur willigte ein. Von zahlreichen Seidenkleidern eingehüllt, schwebte Bibi-Chanym vom Minarett wie von einem Fallschirm getragen. Durch diese List überlebte sie. Timur verzieh ihr. So konnten sie sich beide über die inzwischen vollendete wunderschönste Moschee aller Zeiten freuen.

Kaljan-Moschee in Buchara

Die Moschee Kaljan, eine Freitagsmoschee, ist die zweitgrößte Moschee Zentralasiens. Zwar war die Bibi-Chanym-Moschee in Samarkand sowohl älter als auch größer, aber von ihr waren bald nur noch Ruinen vorhanden.
Bereits im 12. Jahrhundert hatte es an der Stelle, wo sich die Kaljan-Moschee heute befindet, eine Stätte des Gebets gegeben. Der heutige Bau wurde im Jahre 1514 beendet. Die Moschee ist eine Vier-Iwan-Moschee mit einem gewaltigen Eingangs-Iwan, durch den man in den Innenhof gelangt.

Dem Eingangs-Iwan gegenüber befindet sich das Gebetshaus. Der Innenhof ist von einer Pfeilerhalle umgeben, deren 208 Pfeiler flache Kuppeln tragen. Die Moschee hat sieben Tore. Der Haupteingang befindet sich – wie es der Koran vorschreibt – an der Ostseite.
Vom Innenhof bietet sich ein eindrucksvoller Ausblick auf das „Große Minarett", das Kaljan-Minarett, das man übrigens vom Dach der Moschee aus über eine kleine Brücke erreichen kann.

91 Buchara: Kaljan-Moschee, Innenhof mit Gebetsbrunnen

92 Buchara: Kaljan-Moschee, Innenhof mit Gebetsbrunnen

93 Buchara: Kaljan-Moschee

Dschuma-Moschee in Chiwa

Die Vorgängerin der Dschuma-Moschee, von berühmten Reisenden in höchsten Tönen gepriesen, wurde im 18. Jahrhundert abgerissen. Stattdessen entstand eine Palastmoschee, die nach frühem arabischem Vorbild keinerlei Schmuck aufweist. Sie besteht nur aus einer großen Halle, deren Holzbalkendecke von 213 Holzsäulen getragen wird. Davon können einzelne bis ins 10. und 12. Jahrhundert zurückdatiert werden. Sie müssen also von der ursprünglichen Moschee übernommen worden sein. In Chiwa ist man der Überzeugung, dass diese Holzsäulen die ältesten Usbekistans, wenn nicht Zentralasiens, sind.

Durch zwei in die Holzbalkendecke eingefügte Öffnungen fällt etwas Licht in den Innenraum der Moschee. Die Holzsäulen wie auch deren Kapitelle sind alle mit Schnitzereien verziert, allerdings sind an den alten Säulen die Ornamente – stilisierte Blumen, Blätter und Schriftzeichen – nicht mehr erkennbar.

94 Chiwa: Dschuma-Moschee

Es heißt, dass Dschingis Khan bei der Eroberung Chiwas diese Vorgänger-Moschee nur deshalb nicht zerstören ließ, weil seine Reiter ihre Pferde an den Säulen festbinden konnten.

Moschee Gök Gumbaz in Schahr-i Sabz

Die Moschee Gök Gumbaz, „Blaue Kuppel", in Schahr-i Sabz wurde unter Timurs Enkel Ulug-Bek, einem bedeutenden Astronomen, 1436 erbaut. An den monumentalen „Pischtak", das Portal, schließen sich überkuppelte Hallen an. Die Wanddekorationen im Inneren sind aufgemalt. Leider wurde die Moschee, die ganz untypisch für die islamische Bauweise über und über mit Fresken bedeckt ist, unter Zeitdruck renoviert. Aus dem Mauerwerk dringt daher Feuchtigkeit und hinterlässt bei den Fresken bereits substantielle Schäden.

Man hätte nach Ansicht von Experten das restaurierte Mauerwerk wenigstens zwei Jahre trocknen lassen sollen. Erst danach hätte die Wanddekoration Bestand gehabt.
In der Nähe der Moschee befindet sich ein Mausoleum, das ursprünglich als Grabstätte für Timur und seine Familie gedacht war. Dort ist Timurs Sohn Dschahangir beigesetzt.

95 Schahr-i Sabz: Moschee Gök Gumbaz

Minarette

Das Minarett ist in der Regel ein Turm mit einer Wendeltreppe, von dessen oberer Plattform aus der Muezzin fünfmal täglich die Gläubigen zum Gebet ruft. In Usbekistan ist es übrigens nicht erlaubt, den Ruf des Muezzins durch Megaphon oder elektronische Hilfsmittel zu verstärken. Man hört deshalb den Muezzin nur in der unmittelbaren Nähe des Minaretts.
Die Form der Minarette entspricht den lokalen Traditionen. In Zentralasien wurden runde Minarette gebaut, die sich nach oben verjüngen. Minarett und Moschee gelten zwar als Teile eines einheitlichen Gebäudeensembles, können aber auch separat stehen. Manche Moscheen haben keine Minarette wie zum Beispiel eine neue Moschee in Taschkent.
Das anfangs frei stehende Minarett wurde aus repräsentativen und architektonischen Gründen immer häufiger in die gesamte Moschee-Anlage eingegliedert. Osmanische Moscheen sind oft durch mehrere, maximal durch sechs Minarette in paarweiser Anordnung geschmückt. Im Heiligtum von Mekka entstanden sukzessive sieben Minarette. Diese Zahl darf nicht überboten werden.

Minarett Kaljan, das „Große Minarett", in Buchara

Die großen zentralasiatischen Minarette entstanden im 11. und 12. Jahrhundert. Besonders beeindruckend ist ihre architektonische Vielfalt. Das Große Minarett von Buchara wurde im Jahr 1127 unter dem Qara-Chaniden-Khan Arslan Baba erbaut. Obwohl in jeder Beschreibung eine andere Höhe angegeben wird, gilt es als das höchste Minarett ganz Mittelasiens. Von dem Umgang an der sich verjüngenden Spitze riefen früher, rufen vielleicht auch noch heute, vier Muezzins zum Gebet. Sie mussten also fünfmal am Tag die 104 Stufen der Wendeltreppe erklettern.
Wie das Mausoleum der Samaniden besteht es vollständig aus gebrannten, naturfarbenen Ziegeln, deren überaus kunstvolle Anordnung dekorative Muster bilden. Sie werden durch ein Schriftband sowie einen Kranz blaugrüner Fliesen unterbrochen.

96 Buchara: Minarett Kaljan

Das Minarett diente nicht nur dem Muezzin zum Gebetsruf, es war auch ein militärischer Beobachtungsturm sowie ein Leuchtturm für die Karawanen, die über die Seidenstraße nach Buchara kamen.

97 Buchara: Minarett Kaljan

Von dem Großen Minarett erzählt man in Buchara zahlreiche, auch äußerst grausame Geschichten. Dass die Herrscher mancher Dynastien die Gesetze des Islams verletzten und das Minarett zu Hinrichtungen nutzten, ist kein Märchen. Die letzte dieser Hinrichtungen, bei denen die Opfer von der Spitze des Minaretts in die Tiefe gestürzt wurden, fand im Jahre 1884 statt. Deshalb trägt dieses ach so schöne Bauwerk auch den Namen „Minarett des Todes".

Minarett Kalta Minar, das „Kurze Minarett", in Chiwa

Direkt vor der Medrese Amin Khan steht das unvollendete Minarett Kalta Minar, das wegen seiner Verkleidung auch Kok Minar, das „Grüne Minarett", genannt wird. Angeblich wollte Amin Khan, der den Bau dieses Minaretts in Auftrag gegeben hatte, einen Turm errichten lassen, um bis nach Buchara sehen zu können. Nachdem er aber 1855 während eines Feldzugs ums Leben kam, wurden die Arbeiten am Minarett eingestellt.

98 Chiwa: Minarett Kalta Minar

99 Chiwa: Minarett Kalta Minar

Medresen

Die Medrese ist traditionellerweise „ein Ort, an dem man liest, studiert". Sie ist die höchste Lehranstalt der Moslems. Zur Medrese gehören eine Moschee, Vorlesungssäle, eine Bibliothek und Wohnzellen für Lehrer und Studenten.

Von den früheren mittelasiatischen Medresen ist keine einzige erhalten geblieben. Doch die Medresen aus dem 15. und 17. Jahrhundert, wie die auf dem Samarkander Registan, vermitteln einen anschaulichen Eindruck von ihrer Pracht.

Medresen sind seit dem 10. Jahrhundert öffentliche Schulen, in denen in erster Linie islamisches Recht, aber auch Koranexegese, Traditionswissenschaften (Hadith), Mathematik, Medizin, Sprachen und Literatur gelehrt wurden. Den Unterricht leitete der Mudarris, unterstützt von einem oder mehreren Assistenten. Hatte der Student seine Studienzeit nach vier Jahren abgeschlossen, so konnte er sich weiter qualifizieren und selbst zum Mudarris aufsteigen.

Ursprünglich fand die Lehre in den Moscheen statt. Die Medrese übernahm die Funktion des Bet-, Lern- und Wohnortes. Studenten und Lehrer wohnten gemeinsam in dem Gebäude. Erstere teilten sich oft eine Zelle, die durch ein Hochbett in Schlaf- und Lern- sowie Essplätze getrennt war.

Privatgelehrte stifteten bereits im 10. Jahrhundert Medresen mit angeschlossener Bibliothek und Wohnung, oft verbunden mit der Vergabe von Stipendien. Zum Vergleich sei angeführt, dass die erste europäische Universität erst im 11. Jahrhundert in Bologna gegründet wurde. Oft verbanden die Stifter die neue Lehrstätte mit einem Mausoleum. Noch bis ins 15. Jahrhundert hinein errichteten diese Wohltäter großzügige Anlagen, so dass die Wissenschaften im islamischen Raum blühten. Mit dem Aufstieg Europas sank allerdings das Niveau der Medresen.

Heute ist die Medrese eine vorwiegend religiöse Ausbildungsstätte. Seit der Unabhängigkeit Usbekistans hat ihre Zahl – für Männer und für Frauen – wieder zugenommen. Die generelle Ausbildung findet jedoch, geprägt durch die sowjetische Vergangenheit, in gemischtgeschlechtlichen Schulen, Fachschulen, Fachhochschulen und Universitäten statt.

Als klassischer Grundriss einer Medrese gilt ein zentraler Hof, auf den sich in den Hauptachsen jeweils zwei Iwane öffnen, an die rechts und links beliebig viele Zellen angegliedert werden können. Man nimmt an, dass dieses Muster dem ostiranischen Wohnhaus entspricht. Noch in der timuridischen Zeit soll es Anlagen mit nur einem Iwan gegeben haben. Die Moschee oder die Gebetsstätte wurde bevorzugt an der südlichen Schmalseite des Hofes errichtet.

Die Anordnung der einzelnen Gebäude, sowohl der Grundriss als auch die Schmuckelemente, sind durch einen bestimmten Kanon festgelegt. Dem quadratischen Innenhof und den ihn umgebenden Galerien verdanken die Medresen ihren klosterartigen Charakter. Die offenen Gänge mit Arkaden und die lediglich mit Gittern versehenen Fenster sicherten eine gute Belüftung. Die Straßenfront hat meist keine Fenster. Nur den Haupteingang schmückt ein fast immer reich verziertes Pischtak.

100 Buchara: Medrese Mir-e Arab

101 Lehre in der Medrese, modernes Fresko, Timur-Museum

102 In der Medrese, Isfahan, 1611–1612

103 Buchara: Torlan Medrese, Tschor Minar

Die drei Medresen des Registan in Samarkand

Auf dem Registan (übersetzt: Sandige Stelle), einem der prächtigsten Plätze des islamischen Orients, befindet sich ein einzigartiges Beispiel islamischer Baukunst: die drei Medresen Ulug-Bek (1417–1420), Schir-Dor (1619–1636) und Tillja-Kari (1646–1660). Der Registan liegt genau in der Mitte der Stadt. In vorsowjetischer Zeit wurden hier Gesetze verkündet. Man rief die wichtigsten Ereignisse aus, veranstaltete Militärparaden und öffentliche Hinrichtungen. Zu Timurs Zeiten befand sich auf dem Registan der berühmte „Große Basar von Samarkand".

105 Samarkand: Rekonstruktion einer Kuppel

106 Samarkand: Rekonstruktion einer Kuppel

Dieser Platz sah auch manchen politischen Kampf. So verbrannten hier am 8. März 1927, am Internationalen Frauentag, islamische Frauen zum ersten Mal den aus Rosshaar geflochtenen, ohne Öffnung fast undurchsichtigen Schleier, den Tschatschwan.

107 Samarkand: Gesamtansicht des Registan, gemalt

Medrese Ulug-Bek

Die Medrese des Ulug-Bek (1417–1420) ist mit ihrem mächtigen Portal, der klaren, übersichtlichen Komposition und den harmonischen Proportionen ein Meisterwerk der islamischen Architektur. Den Quellen entsprechend besaß die Medrese fünfzig Zellen, in denen hundert und manchmal mehr Studenten lebten.

Unter den Timuriden erweiterte sich der Aufgabenbereich der Medresen. Sie sollten der aristokratischen Jugend nun auch eine gewisse weltliche Bildung vermitteln. Es wird berichtet, dass selbst Herrscher in den Medresen lehrten.

Im Laufe der Jahrhunderte fügten die Witterung, Erdbeben und kriegerische Konflikte der Medrese schwerwiegende Schäden zu. Ein großer Teil der Wohnzellen wurde zerstört, die Kuppeln der Vorlesungssäle und die Gewölbe des Portals stürzten ein. Bereits 1932 wurde mit der Restaurierung des baufälligen Minaretts begonnen. Sie wurde 1964 fortgeführt und nach der Unabhängigkeit im Jahre 1991 mit bewundernswertem finanziellen Aufwand und persönlichem Engagement vollendet. So wurde ein Bauwerk, das als klassisches Vorbild für zahlreiche andere Medresen gilt, nicht nur für die Gläubigen, sondern für die staunende Allgemeinheit gerettet.

108 Samarkand: Medrese Tillja-Kari

Medrese Schir-Dor, die „Löwen-Medrese"

Zweihundert Jahre später wurde die Medrese Schir-Dor (1619–1636) nach dem Muster der genau gegenüberliegenden Ulug-Bek-Medrese errichtet. Ihr Baumeister, ein äußerst begabter Künstler, kopierte nicht einfach das Vorbild, sondern variierte es fantasievoll. Er folgte damit der orientalischen Tradition des Festhaltens an bewährten Überlieferungen.

Bei der Fassadengestaltung wich der Meister allerdings von der Tradition des Islam ab, die die Darstellung von Lebewesen im religiösen Kontext verbietet. So entstand im Zusammenwirken von Architekten und Keramikern eine außergewöhnliche Gebäudeverzierung: Zwei Tiger, obwohl man deutlich die Streifen auf dem Fell erkennt, bezeichnet der Volksmund sie als Löwen, setzen zum Sprung auf zwei Gazellen an, die erschrocken fliehen und sich entsetzt nach den Raubkatzen umblicken. Über der Rückenlinie der Tiger ist die aufgehende Sonne zu sehen. Sie zeigt ein menschliches Antlitz.

109 Samarkand: Medrese Schir-Dor

Vor der Medrese, links vom Eingang, befindet sich ein großes, rechteckiges, mit Steinplatten bedecktes Grab. Der Überlieferung zufolge soll hier der Metzger bestattet sein, der während der langen Bauzeit die Arbeiter mit Fleisch versorgte. Für seine Dienste erbat er sich vom Emir nur eine Gnade: Er wolle vor der Moschee begraben werden.

110 Samarkand: Medrese Schir-Dor

111 Samarkand: Medrese Tillja-Kari

Medrese Tillja-Kari

Die Tillja-Kari-Medrese (1646–1660) schmückt die Kopfseite des Registan. Das Bauwerk diente nicht nur als Medrese, sondern auch als Moschee. Der Architekt des Komplexes hatte eine schwierige Aufgabe zu bewältigen: Er musste einen Gebäudekomplex schaffen, der Medrese und Moschee vereinigte und sich harmonisch in das wirkungsvolle Bild des Registan einfügen konnte. Die Aufgabe wurde glänzend gelöst. Das Gebäude ist wesentlich niedriger als die beiden anderen Medresen und bildet mit seiner ein wenig lang gestreckten Form eine ausgezeichnete architektonische Ergänzung zu diesen Bauten.

Das Innere der Moschee ist reich verziert. Ihrer strahlenden Vergoldungen wegen verdankt das Ensemble den Namen Tillja Kari, „mit Gold verziert". Es ist das letzte Samarkander Bauwerk, das so reich geschmückt wurde. Die unerschöpfliche Fantasie und die Erfindungsgabe orientalische Meister sind hier noch einmal in höchster Vollendung zu erleben.

112 Samarkand: Medrese Tillja-Kari: Detail

114 Samarkand: Medrese Tillja-Kari: Detail

113 Samarkand: Medrese Tillja-Kari: Detail

Säkulare Architektur

Die traditionelle Wohnarchitektur hat sich aus zwei ihrem Ursprung nach verschiedenen sozial-historischen Wurzeln entwickelt: einer ländlichen und einer städtischen. Die ländliche Wohnform wird durch die außerhalb der Stadt gelegenen „Chauli", die Gutshöfe der großen patriarchalischen Familien, repräsentiert. Im Grundriss rechteckig, gliedern sich die Gebäude um einen äußeren Wirtschaftshof und um einen inneren Hof für das Alltagsleben. Besondere Aufmerksamkeit wird stets der Gestaltung der Hauptfassade gewidmet.

Die Wohnhäuser der Stadt wurden nicht so aufwendig gebaut wie die Hauli. Wegen der hohen Bodenpreise innerhalb des Stadtgebiets ist ihr Grundriss sehr kompakt. Das zentrale Element, der Innenhof, weist typischerweise zwei Iwane auf, einen großen, Ullu-Iwan, der nach Norden gerichtet ist, und einen kleinen, Ters-Iwan. Diese Iwane dienen als Sommerräume für die Familie.

115 Buchara: Ark zu früheren Zeiten

Stadtresidenzen, Gartenpaläste, Wohnhäuser

Auch bei den Palästen trifft die Stadt-Land-Unterscheidung zu:
Einerseits die Stadt-Residenzen, wie die Ark in Buchara, die Kohne Ark in Chiwa, der Kuk-Sarai in Schahr-i Sabz und der Tasch Hauli in Chiwa, andererseits die Gartenpaläste, wie der Sommerpalast Setare-je Mah-e Chase in Buchara. Sowohl bei der Ark als auch bei der Kohne Ark handelt es sich um mehr als um Stadtpaläste. Sie waren vielmehr Städte in der Stadt, Festungen für die regierenden Emire oder Khane.

Ark, die Zitadelle in Buchara

Die Zitadelle, die Ark, liegt in der Mitte des Registan auf einem aufgeschütteten Hügel. Sie war über Jahrhunderte die Residenz der Emire von Buchara. Gründer der Zitadelle soll der legendäre Held Sijawusch gewesen sein, von dem man annimmt, dass er am Osttor der Festung begraben ist. Da die Anlage im Jahre 709 von den Arabern und 1200 von Dschingis Khan zerstört wurde, ist von der ursprünglichen Burg nichts mehr erhalten.

Der heutige Bau der Ark stammt aus dem 18. Jahrhundert und umfasst einen Palast, eine Drei-Iwan-Moschee sowie Stallungen und Wohngebäude. Vor dem eindrucksvollen Portal auf einem erhöhten Sitz konnte der Emir die Festlichkeiten genießen, die des Öfteren auf dem Registan stattfanden.

116 Buchara: Ark

117–120 Buchara: Ark, Einzelansichten

118

119

120

Der Registan mit der Ark war von einer fünfundzwanzig Kilometer langen Stadtmauer umgeben, die bis vor hundert Jahren noch unversehrt war. Durch insgesamt elf Tore konnte man die Karawanenstraßen erreichen, die in alle Himmelsrichtungen führten. Früher wurden kurz nach Sonnenuntergang, zur Zeit des Abendgebetes, alle Stadttore geschlossen. Zwei Stunden nach Einbruch der Dunkelheit durfte niemand mehr auf der Straße sein. Nicht einmal Kranken konnte man zu Hilfe eilen. Sich außerhalb der Stadtmauern aufzuhalten, war mit gewissen Gefahren verbunden. Viele, die bei Tag einen ehrbaren Eindruck machten und keineswegs zu den Armen zählten, verwandelten sich nachts in Wegelagerer. Sie versuchten, ihr Vermögen aufzubessern, um sich Haschisch und Opium leisten zu können. Zu jener Zeit war es noch allgemein üblich, dass die Teehausbesitzer den Gästen Pfeifen mit Opium und Haschisch reichten.

Der Registan wurde allerdings auch zum Symbol der Schreckensherrschaft: Hier fanden bis zum Ende der Mangiten-Dynastie (1785-1920) öffentliche Auspeitschungen, Folterungen und Hinrichtungen statt.

Man kann sich auch gut vorstellen, wie der Herrscher von Buchara im Inneren der Ark, von seinem glänzenden Gefolge umgeben, über orientalische Teppiche von seinem Palast zur

Moschee wandelte, um dem Freitagsgebet beizuwohnen.

Festung Kohne Ark in Chiwa

Die Gründung der Stadt Chiwa selbst geht auf eine Legende zurück. Nach ihr soll der älteste Sohn Noahs Sem, dort, wo sich später die Stadt entwickelte, einen Brunnen gegraben haben.

Dass in einer Oase wie Chiwa seit Jahrhunderten, wie bei der Dschuma-Moschee, beim Bau so viel Holz verwendet wurde, lässt entweder auf die Hervorhebung des Raren, Besonderen oder auf Klimabedingungen schließen, die sich von den heutigen sehr unterscheiden.

Die Festung Kohne Ark, im 17. Jahrhundert gegründet, wurde im Laufe der Zeit immer wieder um- und ausgebaut. Der ganze Komplex ist von einer dicken Befestigungsmauer umschlossen. Das Baumaterial sind ungebrannte Lehmziegel sowie Pachsa, eine Masse aus gestampftem, mit Stroh vermischtem Lehm. Auf dem Areal der Festung befanden sich der Palast, zwei Moscheen, Verwaltungsgebäude, ein Harem und die Münze.

Bemerkenswert sind die für Chiwa typischen blauweißen Kacheln mit geometrischen Mustern und feinem Rankendekor. Ebenso wie der Iwan der Moschee wird auch der Iwan des Palastes von hohen Holzsäulen getragen. Die Holzdecken der Iwane sind bunt bemalt und schön geschnitzt.

121 Chiwa: Kohne Ark

122 Chiwa: Kohne Ark, Westtor

Palast Kuk Sarai in Schahr-i Sabz

Im Oasengebiet um Samarkand liegt Schahr-i Sabz, nach der Überlieferung der Geburtsort Timurs. Schahr-i Sabz ist am eindrucksvollsten über einen kleinen Gebirgspass zu erreichen, der die Vielfalt der usbekischen Landschaft in allen Facetten dokumentiert. Früher war Schahr-i Sabz unter dem Namen Kesch bekannt. Vermutlich hatte Timur die Absicht, Kesch zu seiner Hauptstadt zu machen.

Noch heute zeugen nicht nur monumentale Bauten wie der Palast Kuk Sarai von dieser Intention, sondern auch Timurs geplante Grabstätte.

Der Palast Kuk Sarai, „Weißes Schloss", ist zwar verfallen, aber seine hoch aufragenden Eingangspylone und die Reste der aufwendigen Fliesenverkleidungen lassen immer noch die gigantischen Ausmaße der ehemaligen Palastanlage sowie deren prachtvolle Ausstattung erahnen.

123 Schar-i Sabz: Palast Kuk Sarai

Palast Tasch Hauli in Chiwa

Eines der bemerkenswertesten Gebäude der städtischen Profanarchitektur ist der Palast des Alla Kuli Khan, bekannter als Tasch Hauli, „Steinernes Haus".

Den Palast umgibt eine glatte Mauer mit runden Türmchen und herausragenden „Stacheln" gegen den „bösen Blick". Jeder dieser Türme trägt oben eine „Laterne", einen Bogenerker, und eine kleine Kuppel. Die Eingänge sind einfach gestaltet. Der ganze Luxus des Palastlebens ist im Inneren verborgen.

Der Palast besteht aus Repräsentationsräumlichkeiten sowie einem offiziellen und einem privaten Teil. Etwas isoliert gelegen ist der Harem, ein länglicher Hof, um den herum man die Räume für die Frauen und Konkubinen des Khans sowie die bescheideneren Zimmer der Verwandten und der Dienerschaft gruppierte. Die einzelnen Wandfelder des Hofes tragen prächtige Majolikaverkleidungen mit vielfältigen Ornamenten.

124 Chiwa: Palast Tasch Hauli

Zum Bau des Palastes im 19. Jahrhundert wurde der beste Baumeister jener Zeit, Nur Mohammed Tadshikan, herangezogen. Da er sich jedoch weigerte, den riesigen Palast innerhalb von zwei Jahren fertig zu stellen, befahl der erzürnte Alla Kuli Khan, den Unglücklichen zu pfählen. Nach seinem Tode wurde der Palast unter Leitung des Meisters Kaljandar Chiwaka in einem Zeitraum von nunmehr zehn Jahren erbaut.

125 Chiwa: Palast Tasch Hauli, mit Stacheln gegen den bösen Blick

126 Chiwa: Palast Tasch Hauli, mit Stacheln gegen den bösen Blick

Das Leben im Harem

Das Interesse westlicher Besucher konzentriert sich vor allem auf diesen Haremshof. Wie die Soziologin Fatima Mernissi in ihrem Buch „Harem" schreibt, beflügelt das Wort alleine bei westlichen Männern die Fantasie von vielen wunderschönen Frauen, die ihrem „Gebieter" unbegrenzt zur Verfügung stehen. Die Vorstellungen moslemischer Männer sind dagegen nach Mernissis Recherchen (sie ist selbst in einem Harem groß geworden) ganz anderer Natur: eine Ansammlung von jungen, intelligenten, oft frustrierten Frauen, die nicht unbedingt daran denken, es dem Mann recht zu machen. Sie sind im Gegenteil vorwiegend in Positionskämpfe innerhalb der Haremsgemeinschaft verwickelt. Die Autorin Leslie P. Peirce, die die Organisationsprinzipien des Lebens im Harem untersucht hat, geht davon aus, dass das dominierende Interesse innerhalb einer Haremsgemeinschaft nicht die sexuelle Lust, sondern das Fortbestehen der Dynastie, der Familie, also das Gebären von Söhnen und deren weltlicher Erfolg, war.

Einem Harem stand nicht der Herrscher selbst, sondern seine Mutter vor. Sie regierte die große Zahl von Ehefrauen, Konkubinen, weiblichen Verwandten (ledig oder geschieden), Kindern, Dienerinnen sowie Sklavinnen und betrieb damit ihre über den Harem hinausweisende Personalpolitik.

127 Chiwa: Palast Tasch Hauli, Harem

128 Chiwa: Palast Tasch Hauli, Harem

Die Auswahl potentieller Konkubinen wurde mir von einer Usbekin, deren Großmutter noch im Harem des letzten Khans von Chiwa gelebt hat, folgendermaßen beschrieben:

Eine ältere und erfahrene Dienerin besuchte regelmäßig die Hammams der Stadt, um die jungen 12- bis 13-jährigen Mädchen zu begutachten. Erschien ihr eine für den Harem geeignet, so wurde sie in den Palast des „Herrn" gebracht. Für die Mädchen, die oft aus armen Familien stammten, war dies ein Glücksereignis: Sie bekamen reichlich und vielseitig zu essen, wurden luxuriös gekleidet und mussten nicht mehr hart arbeiten. Die Intelligentesten und Schönsten von ihnen wurden bestens ausgebildet. Sie lernten nicht nur lesen und schreiben, sondern auch mehrere Sprachen. Der Unterricht beinhaltete ebenso Singen, Tanzen, das Rezitieren von Gedichten sowie das Allgemeinwissen jener Zeit. Es war zudem keineswegs selbstverständlich, dass der „Herr" mit allen Konkubinen schlief. Sollte es aber zu einer Schwangerschaft kommen, so wurde für die junge Frau ein passender Mann gesucht und sie selbst mit einer reichen Mitgift ausgestattet. Auf diese Weise waren die früheren Konkubinen durchaus begehrte Heiratskandidatinnen. Sonst schieden die jungen Frauen mit 25 Jahren aus dem Harem aus, wurden großzügig bedacht und bestens verheiratet.

129–132 Chiwa: Palast Tasch Hauli, Harem

131

132

133 Chiwa: Palast Tasch Hauli, Harem

Die Verheiratung von jungen Haremsfrauen hatte durchaus politische Hintergründe. Ihre Loyalität galt in erster Linie dem Harem des Herrschers. Durch ihre exquisite Bildung fühlten sie sich meist ihrem Ehemann überlegen. Da ihre Verbindungen zum Harem ein Leben lang nicht abrissen, erfuhren die hochrangigen Damen des Harems vom Tun und Treiben der Untergebenen des Emirs oder Khans, sehr zum Vorteil des Herrscherhauses.

Für die Frauen des Harems war es außerdem keineswegs schwer, den Harem verschleiert und in Begleitung zu verlassen. Sie konnten auch ohne weiteres Damenbesuch von außen empfangen. Nur eines war für sie gefährlich: die ihnen eingeräumte Freiheit zu missbrauchen und eine Liebschaft anzufangen.

Ein Herrscher vermied meist jeden unvorhergesehenen Kontakt mit der im Harem konzentrierten Weiblichkeit. Sich um die großen und kleinen Angelegenheiten der Damen zu kümmern wäre für ihn gleichbedeutend mit „sich nackt in einen Ameisenhaufen zu setzen."[5] Außerdem hätte man in den Basaren und Bädern über jeglichen Einmischung in weibliche Angelegenheiten gelästert. Und nichts war für einen Herrscher gefährlicher als sich der Lächerlichkeit preiszugeben.

Die westliche Fantasie, dass Konkubinen zu Favoritinnen und sogar zu legalen Ehefrauen aufsteigen können, rührt vielleicht von einem ziemlich einmaligen Vorkommnis her, das sich am osmanischen Hof des 16. Jahrhunderts zugetragen hat:

[5] Tralow, Johannes, Roxelane, 2004, S. 125.

134 Shirin im Harem, Herat, 1494–1495

Sultan Süleyman II., „der Prächtige", wurde nach dem Tod seines Vaters 1520, kurz vor seinem sechsundzwanzigsten Geburtstag, dessen Nachfolger. Während seiner eigenen Herrschaft erreichte das Osmanische Reich seine größte Ausdehnung. 1529 belagerte er Wien, eroberte Ungarn 1541 und Siebenbürgen 1551. Er wurde somit im Okzident als große Bedrohung wahrgenommen.

    Zur Zeit seines Regierungsantritts hatte er bereits eine Ehefrau und mit ihr einen Sohn. - Damals galt das Eine-Mutter-ein-Sohn-Prinzip, das heißt, jede Frau des Harems, ob Ehefrau oder Konkubine, durfte nur einen Sohn gebären[6]. - Kurz nach seiner Thronbesteigung kam Aleksandra Lisowska (1507-

---

[6] Peirce, P. Leslie, The Imperial Harem

1558), vermutlich in der Ukraine von Krimtataren geraubt, als Sklavin mit 13 oder 14 Jahren an seinen Hof. Ihr türkischer Name wurde Hurrem, die „Lachende", in Europa bekannter als Roxelana. Wegen ihrer Intelligenz, ihrer Schönheit und ihres fröhlichen Gemüts schien sie dem eher melancholischen Sultan besonders zu gefallen.

Nach der Geburt ihres ersten Sohnes (1522) gab der Sultan jeden Kontakt zu anderen Frauen auf. Er erlaubte Roxelana sogar, mehrere Kinder – fünf Söhne und eine Tochter – zu haben. Unerhört und nie da gewesen war, dass er sie zunächst zu seiner Konkubine und später zu seiner legitimen Frau machte. Damit setzte er sich über ein anderes

Prinzip des Harems hinweg: Es war nämlich ein eisernes Gesetz, dass die Mutter des Herrschers über die Auswahl seiner Frauen bestimmte.

All dies brachte Roxelana natürlich Hass und Feindschaft ein. Da der Sultan aber zu ihr stand, konnte niemand etwas gegen sie unternehmen. Ein Zeitgenosse berichtete: „Der Sultan liebt sie so, dass alle seine Untertanen erstaunt sind und sagen, sie habe ihn verzaubert. Sie wurde daher Ziadi, die Hexe, genannt."

Zahlreiche Geschichten ranken um diese Beziehung. Von Bedeutung ist jedoch, dass Roxelana zur wichtigsten Vertrauten und Beraterin des Sultans aufstieg und dadurch – sowie durch ihre fünf Söhne – zu großer

Macht gelangte. Ihr Sohn Selim wurde Nachfolger seines Vaters. Hurrem starb 1558.

Ihr außergewöhnliches Leben inspirierte viele europäische Künstler zu literarischen, musikalischen und bildnerischen Höhenflügen. Es ist daher kein Wunder, dass ihr Schicksal das Bild des Orients im Allgemeinen und das des Harems im Besonderen prägte.

135 Kriegerische Szenen, modernes Fresko, Timur-Museum

136–138 Kriegerische Szenen, moderne Fresken, Timur-Museum

137

138

Sommerpalast des letzten Emirs von Buchara

Der Sommerpalast Setare-je Mah-e Chase, „der Ort, wo sich Mond und Sterne treffen", ist unter dem letzten Emir von Buchara, Said Alim Khan, gebaut worden. Von Bedeutung sind die reich geschmückten Innenräume, hervorragende Arbeiten der bucharischen Künstler Chasandschan und Schirin Muradow. Sie geben den verschiedenen Räumen einen geheimnisvollen Glanz. Beeindruckend ist auch der wunderschöne Pavillon. Der Palast wird heute zu repräsentativen Zwecken und zur Bewirtung von Touristengruppen genutzt.

139–141 Buchara: Sommerpalast des letzten Emirs

143–145 Buchara: Sommerpalast des letzten Emirs

142 Buchara: Porträt des letzten Emirs

Haus eines reichen Händlers in Buchara

Am Beispiel des Anwesens des Kaufmanns Chodschajew kann man gut den Übergang von Herrscherpalästen zu Häusern reicher Bewohner nachvollziehen. Entstanden im 19. Jahrhundert besteht „das Haus des reichen Händlers" aus mehreren Gebäuden. Die Räume mit ihren geschmackvollen Malereien ähneln sehr der Ausstattung des Sommerpalastes. Hier wie dort sind die Fotos der früheren Eigentümer zu sehen.

146 Buchara: Haus eines reichen Händlers, Iwan

147 Buchara: Haus eines reichen Händlers, Innenausstattung

148 Buchara: Haus eines reichen Händlers, Porträt

Russische Häuser in Samarkand

Um das letzte Drittel des 19. Jahrhunderts fielen die unterschiedlichen Städte – nicht alle zur gleichen Zeit – unter die Herrschaft des zaristischen Russlands. Viele Russen, speziell Kauf- und Handelsleute, ließen sich in der Region des heutigen Usbekistans nieder. Ihre Bauten zeugen noch jetzt von ihrem Einfluss. So sind die Neustadt von Samarkand, aber auch Viertel in anderen Städten, durch die russische Architektur geprägt.

149 Samarkand: russische Häuser

Auch nach der Unabhängigkeit sind viele Russen in Usbekistan geblieben. Dies trifft, wie mir immer wieder versichert wurde, bei der Bevölkerung, speziell bei Frauen, auf weite Zustimmung. Frauen sehen in der russischen Präsenz eine Garantie für die laizistischen Traditionen, die die ehemalige Sowjetunion verkörperte.

150–151 Samarkand: russische Häuser

Heutige Wohnweise

Einen kleinen Einblick in die städtische Wohnweise der heutigen Usbeken kann man durch die „Abendessen in einer usbekischen Familie" bekommen, die durch Reiseorganisationen angeboten werden. Es handelt sich dabei um Privathäuser, die die Eigentümer während der Touristen-Saison zu kleinen Restaurants umfunktionieren. Gespeist wird in einem großen Wohnraum, dem Kernbereich der meisten Privathäuser. Da usbekische Familien groß sind und das soziale Leben reichhaltig ist, werden weitläufige Räumlichkeiten, kombiniert mit Innenhöfen, im Alltagsleben regelmäßig benutzt. Der Fremde wird bei solchen „Einladungen" bestens bewirtet. Die aufgetischten Speisenfolgen entsprechen meist den in „Kulinarische Köstlichkeiten der Feste" beschriebenen Gerichten.

152 Chiwa: Privathaus

153–156 Chiwa: Privathaus

154

156

155

170

Handel und Gewerbe: die Basare

Der Inbegriff des orientalischen Lebens ist für den Okzident der Basar. Hier wurde bereits seit den Anfängen der Seidenstraße mit allem gehandelt, was das Herz begehrte. Auch heute noch sind die Basare das Kaufelixier der Usbeken und Reisenden. Um allerdings Basare zu erleben, in denen die einheimische Bevölkerung sich mit allem Notwendigen und Wünschenswertem eindeckt, muss man in die außerstädtischen Bereiche fahren. Dort bekommt man die Usbeken – jung wie alt – in ihrer ganzen Farbenpracht zu sehen. Die Stimmung in den dicht gedrängten Gängen der Märkte ist beeindruckend freundlich. Meist wird ein Einkauf auch mit einem kleinen Imbiss verbunden, ein zusätzlicher Höhepunkt.

157 Gewerbe, modernes Fresko, Timur-Museum

158 Buchara: Jüdische Familie

159 Buchara: Tuchhändler

160 Bautätigkeit, modernes Fresko, Timur-Museum

161 Samarkand: alter Basar

162 Herstellung von Fassadendekoration, modernes Fresko, Timur-Museum

163 Buchara: Straßenszene

Die Seidenstraße

Bei der Erwähnung der Basare darf selbstverständlich eine Beschreibung der historischen Seidenstraße nicht fehlen. Sie bestand aus einem Netz von Karawanenwegen, die das Mittelmeer mit Ostasien verbanden. Die Bezeichnung geht auf den im 19. Jahrhundert lebenden deutschen Geografen Ferdinand von Richthofen zurück.

Beziehungen zwischen China und Europa hat es schon in grauen Vorzeiten gegeben. Diese Verbindungen bestanden allerdings keineswegs kontinuierlich. Je nach politischer Lage gab es Wachstums- und Trockenperioden.

Eine erste Blütezeit war die Folge der chinesischen Expansion unter Kaiser Wudi (141–87 v. Chr.) Richtung Westen. Der eigentliche Höhepunkt des Warenaustausches entlang der Seidenstraße fiel jedoch in die Mongolenherrschaft im 13. Jahrhundert. Nachdem die Mongolen ihr Riesenreich gesichert und stabilisiert hatten, zeichneten sie sich durch große Offenheit und Gastfreundschaft aus. Der Karawanenhandel florierte. Mit dem zunehmenden Verfall des mongolischen Imperiums ab 1262 und den aufkommenden chinesischen Abgrenzungstendenzen wurden ungestörte Handelsbeziehungen wieder erschwert.

Der nachhaltige Niedergang der Seidenstraße setzte allerdings mit dem zunehmenden Seehandel ein. Durch Schiffe wurden nicht nur Zwischenhändler und hohe Zölle vermieden, sondern auch die Reisezeit dramatisch verkürzt. Karawanenreisen entlang der etwa 6000 km langen Seidenstraße dauerten früher zwischen sechs bis acht Jahre. Nur wenige bereisten daher die gesamte Strecke. Der Handel verlief vielmehr von Station zu Station.

Während ihrer Hoch-Zeiten wurden auf der Seidenstraße nicht nur Waren transportiert. Über sie verbreiteten sich Religionen und kulturelle Errungenschaften. So gelangte der Buddhismus über die Seidenstraße bis nach China und Japan. Auch das Christentum und der Islam drangen über diese Karawanenwege bis ins Herz Chinas vor. Andererseits profitierte der Okzident von den zahlreichen chinesischen Erfindungen, vom Schießpulver bis zum Porzellan.

Heute hat die Seidenstraße einen vorwiegend touristischen Stellenwert. China erkannte dieses Potential bereits in den späten siebziger Jahren. Von offizieller Seite bemüht man sich seither um den Erhalt oder die Restaurierung der wesentlichen Kulturgüter entlang dieser Handelswege.

1992 wurde die letzte Lücke im Eisenbahnverkehr zwischen Almaty und Urumqi (früher Alma-Ata und Urumtschi) geschlossen. Zwar gibt es noch keine durchgehenden Züge, aber mit Umsteigemöglichkeiten sind der Abenteuerlust der Reisenden keine Grenzen gesetzt.

Mit dem Stichwort „Seidenstraße" wird fast automatisch der Name Marco Polo (1254–1324) assoziiert. Erst 17-jährig begleitete er ab 1271 seinen Vater Niccolò und seinen Onkel Maffeo, beide venezianische Juwelenhändler, auf ihrer zweiten Asienreise. Die erste große Orientreise der Polos, während der sie, durch Kriegswirren erzwungen, auch drei Jahre in Buchara verbrachten, führte sie schon damals nach Peking, zum Hof des Mongolenherrschers Kublai Khan.

  Die zweite Reise unternahmen sie im Auftrag von Papst Gregor X. Sie sollten Kublai Khan zum Christentum bekehren und ihn als Bündnispartner gegen den Islam gewinnen. Als die drei Peking erreichten, fand der

Großkhan an dem jungen Marco Polo einen solchen Gefallen, dass er ihn zum Präfekten ernannte. Die Zeit am Mongolenhof währte siebzehn Jahre. Als unruhige Zeiten auszubrechen drohten, wollten die Polos zurück nach Venedig reisen. Trotz ihrer Bittgesuche ließ sie Kublai Khan jedoch nicht ziehen, da sie ihm inzwischen eine wertvolle Stütze geworden waren. Als eine Prinzessin zur Vermählung nach Persien geführt werden sollte und der Landweg zu gefährlich schien, ergriffen die Kaufleute die Gelegenheit. Sie schlugen Kublai Khan vor, die Prinzessin zusammen mit drei Diplomaten über den Seeweg sicher nach Persien zu geleiten. Widerstrebend willigte der Großkhan ein.

Die Heimreise begann 1291, also zwanzig Jahre nach ihrem Aufbruch, auf 14 Dschunken mit insgesamt 600 Passagieren. Der Überlieferung nach überlebten nur siebzehn Personen, darunter die drei Polos. Die etwa 500 Kilogramm Rohseide, die sie zusammen mit anderen Kostbarkeiten mitgebracht hatten, wurden allerdings in Trapezunt am Schwarzen Meer, dem heutigen Trabzon, konfisziert.

    Der Wahrheitsgehalt der Aufzeichnungen von Marco Polo, speziell sein Einfluss auf Kublai Khan, wird immer wieder angezweifelt. Viele Autoren haben sich intensiv mit diesem Thema befasst. Fest steht jedoch, dass sich sogar Christoph Kolumbus an seinen präzisen geografischen Beschreibungen orientiert hat. Allerdings ist auch erwiesen, dass der Mönch Johannes de Plano Carpini und Wilhelm von Rubruk eine solche Reise in offizieller Mission bereits unter Papst Innozenz IV. (1243-1254) angetreten hatten. Darüber gab es schon vor der ersten Reise der Polos ausführliche Berichte. Es ist jedoch nicht bekannt, ob die Polos diese Dokumente kannten.

164 Buchara: Kuppelbasar

Kuppelbasare in Buchara

Unter der Vielzahl der Basare sind die Kuppelbasare der ästhetische Höhepunkt. Auf sie, unter den Bezeichnungen Tim oder Tak bekannt, trifft man in Buchara überall. Obwohl ihr Entstehen rein praktischen Zwecken zu verdanken ist, sind sie mindestens so charakteristisch für das Stadtbild wie die Minarette, Moscheen und Medresen.
Die architektonische Komposition der Kuppelbasare ist einfach. Die innere Grundfläche entspricht einem Quadrat, das von Arkaden umgeben ist. Auf diesen Arkaden ruht eine große Zentralkuppel. Die sich anschließenden Galerien sind von stimmungsvollen kleineren Kuppeln überdacht. Vier Eingänge führen auf die Straßen.
Im Mittelalter nahmen Handel und Gewerbe einen großen Aufschwung. Gleichzeitig wurde das Besteuerungssystem differenziert. Deshalb schien es zweckmäßig, die einzelnen Waren an gesonderten Plätzen zu verkaufen. So entstanden die verschiedenen Basare: die Basare der Goldschmiede und Juweliere, die der Mützen- und Kappen-Macher, die der Geldwechsler, aber auch Bücherbasare oder Basare für Wolle und Seide.
Den „Tim des Chans Abdullah" ließ der große Herrscher im Jahre 1577 errichten. Das gedrungene, massive und imposant wirkende Gebäude ist die schönste Markthalle Bucharas. Den Tak-i Zaragon in Buchara konnte ich direkt neben meinem Hotel bewundern.
Um den Durchgangshandel zu fördern, baute man außerdem eine beträchtliche Anzahl von kleineren und größeren Karawansereien. Hier fanden die Kaufleute Unterkunft und Rast. Außer Basaren und Karawansereien erwarteten den ermüdeten, verstaubten Reisenden Bäder in orientalischer Pracht.
Die Bedingungen der Kaufleute, speziell die der Christen und Juden, waren allerdings nicht immer einfach. So durften Christen und Juden nicht in der heiligen Stadt Buchara übernachten. Sie mussten sich an bestimmten Stellen vor der Stadt Unterkünfte errichten.

165 Orientalisches Badehaus, Herat, 1494–1495

In den Basaren wurden die Steuern von den Aksakalen, den Steuereinnehmern des Emirs, der Überlieferung nach achtungsgebietende, weißbärtige Greise, eingetrieben. Sie waren dem Herrscher rechenschaftspflichtig.
Bereits im Jahr 1558 schloss der Emir von Buchara ein Abkommen mit Zar Iwan IV. Nun wurden Seide, Baumwolle, Felle von Karakulschafen, Gewürze und vielerlei orientalische Produkte im ganzen russischen Reich verkauft. Umgekehrt kamen russische Waren in den Orient.

166 Buchara: Kuppelbasar

Lab-i Chauz-Komplex in Buchara

Für die leibliche und seelische Stärkung sowohl usbekischer Familien als auch ermüdeter Besucher ist das Lab-i Chauz weit über die Stadtgrenzen von Buchara bekannt und geschätzt. Dort kann sich der Hungrige und Durstige rund um ein kühlendes Wasserbecken, meist bei funktionierender Springbrunnenanlage, nach Herzenslust regenerieren.

Aber vor allem die technische Leistung seiner Erbauer verdient Beachtung. Der Teich wurde bereits 1620 unter Beg Nadir-Divan angelegt. Das Becken ist 45,5 mal 36 Meter groß und 5 Meter tief. Die Steinverkleidung ist eine wahrhafte Meisterarbeit. Die Steine sind so sorgfältig bearbeitet und aneinander gefügt, dass die Mauer noch fast vollständig erhalten ist.

Auch in der nahe gelegenen Medrese Nadir Diwan Begi werden Touristen reichlich verköstigt und mit folkloristischen Darbietungen bedacht.

167 Buchara: Chanaka Nadir Diwan Begi

168 Buchara: Innenhof der Medrese Kukaldasch, heute Restaurant

Wurzeln der usbekischen Kunst

Bereits kurze Zeit nach der staatlichen Unabhängigkeit Usbekistans im Jahre 1991 wurde das Gedenken an Emir Timur (1370–1404), den berühmten Herrscher der usbekischen Geschichte, wiederbelebt. Ein zentral gelegenes Museum in der Landeshauptstadt ehrt den großen Sohn des Landes.

Die Wände des kreisförmigen Timur-Museums sind auf beiden Etagen mit Fresken in der Tradition der Miniaturenmalerei geschmückt. Diese Gemälde zeigen Themen, die zum Teil aus dem 12. Jahrhundert stammen und immer wieder künstlerisch aufgegriffen wurden. Ein besonders häufiges Thema ist das Epos von „Khosrow und Shirin" des Dichters Nizami, das über die Jahrhunderte in zahlreichen Varianten illustriert wurde. Noch heute kennt jedes Kind in Usbekistan diese Geschichte.

Ilyas ibn Yusuf Nizami (1141–1209) galt, im Vergleich zu den Hofdichtern jener Zeit, als unabhängige Persönlichkeit. Die schriftlichen Aufzeichnungen seines Schaffens wurden immer wieder formen- und farbenreich geschmückt. Ihm verdankt die Miniaturenmalerei einige ihrer rührendsten Szenen.

Um sowohl die traditionelle Dichtung als auch die Miniaturen besser verstehen und sich ein Bild von der Region machen zu können, soll hier die Lebensgeschichte Nizamis sowie die Legende von „Khosrow und Shirin" detaillierter geschildert werden.

169 Khosrow und Shirin treffen sich bei der Jagd, Buchara, 1648

170 Khosrow beobachtet Shirin beim Baden, Isfahan, 1631–1632

171 Khosrow und Shirin bei der Jagd, Buchara, 1648

Nizami, ein Dichter des 12. Jahrhunderts

Abu Mukhammad Ilias Yusuf ibn Zaqi Muayyad, mit Künstlernamen Nizami, wurde 1140 oder 1141 in Gyanj geboren. Obwohl sein Vater ein kleiner Händler war, erhielt Nizami eine exzellente Erziehung. Er lernte mehrere Sprachen, war mit den alten philosophischen Schulen des Nahen und Mittleren Orients wohl vertraut, hatte Geschichte, Theologie, Astronomie, Mathematik, Medizin und Poesie studiert.

Bereits in jungen Jahren wurde er durch seine dichterischen Fähigkeiten, sein hohes Wissen und die humanistischen Qualitäten seiner Poeme weit über die Grenzen seines Geburtslandes berühmt. Viele seiner Gedichte inspirierten über die Jahrhunderte unzählige Miniaturenmaler zu künstlerischen Höchstleistungen.

Nizamis Poesie entwirft ein utopisches Sozialsystem, in dem es weder Unterdrücker noch Unterdrückte gibt, in dem für alle ausreichend gesorgt ist, so dass sie ohne Angst leben können. Seine Epen verherrlichen humanistische Prinzipien, selbstlose Liebe und individuelle Opferbereitschaft.

Das ganze Werk Nizamis ist von der Leitidee geprägt, dass es die Pflicht der Mächtigen ist, der Gesellschaft zu dienen. Unterdrückung und Waffengewalt würden nur zum Niedergang der Region und des Landes führen. Wie man sich denken kann, war es sehr gewagt, solche Ideen in einer vom Feudalismus geprägten Zeit zu äußern.

In der orientalischen Literatur war er der Erste, der außerdem die Beziehung zwischen Personen und das Verhältnis der Menschen zur belebten und unbelebten Natur zum Ausdruck brachte. Der Mensch ist seiner Dichtung zufolge für die Natur verantwortlich.

Das Bild der muslimischen Frau in Dichtung und Malerei

In Nizamis bekanntesten Poem, „Khosrow und Shirin", geht es um ein hochgeborenes Paar, das erst durch viele Hindernisse vereint wird. Der Gedichtzyklus erschien 1181 und basiert auf der historischen Gestalt Shirin, der treuen Gattin des Vizeregenten Khosrow II. Parviz (591–628). Nizami verherrlicht darin die noblen Gefühle der schönen Shirin. Im Gegensatz dazu wird Khosrow zunächst als leichtlebig, unbeständig und unberechenbar geschildert. Unter dem Einfluss von Shirin wandelt er sich jedoch zu einem guten, weisen und gerechten Souverän.

Besonders bemerkenswert ist, dass Nizami es im 12. Jahrhundert wagte, Frauen nicht nur als menschliche Wesen, sondern als Hauptfiguren, die moralisch sogar den Herrschern überlegen sein können, in die Literatur einzuführen.

Nach Fatima Mernisse ist „Shirin eine der am häufigsten gemalten Frauen in der muslimischen Kunst"[7]. Ihre Vitalität und Unbedingtheit sind heute noch beeindruckend: So verlässt die verliebte Shirin den Harem und springt „kurz entschlossen auf das schnellste Pferd der Welt und macht sich auf die etwas leichtsinnige Suche nach der Liebe. Diesem erstaunlichen Vorgang, dass eine im Verborgenen lebende Frau zur Abenteuerin wird, wochenlang durch fremde Wälder reitet und dann anhält, um in einem ihr unbekannten See zu baden, als sei all das völlig normal, haben muslimische Maler in ihren Miniaturen ein Denkmal gesetzt. Seit dieser Zeit ist Shirin unzählige Male bei ihrem Bad in der Wildnis dargestellt worden."[8]

---

[7] Mernissi, Fatima, Harem, S. 155.
[8] Mernissi, Fatima, ebenda, S. 157.

172 Khosrow beobachtet Shirin beim Baden, Herat, 1442

173 Khosrow beobachtet Shirin beim Baden, Buchara, 1578–1579

174 Khosrow beobachtet Shirin beim Baden, Buchara, 1648

175 Khosrow beobachtet Shirin beim Baden, Isfahan, 16. Jahrhundert

Der Mythos von „Khosrow und Shirin"
Khosrow ist ein Mann, der von der Natur mit Intelligenz, Witz und einem sonnigen Gemüt ausgestattet ist. Eines Tages berichtet ihm sein Freund Shapur von Shirin, der wunderschönen Nichte der Königin von Aserbaidschan. Khosrow verliebt sich in sie, ohne sie gesehen zu haben. Er bittet Shapur, ihm bei der Brautwerbung zu helfen. Dieser reitet nach Aserbaidschan und zeigt Shirin ein Porträt von Khosrow. Shirin erwidert sofort die Gefühle, sattelt ihr schnellstes Pferd, um in die Hauptstadt Madain, die Residenz Khosrows, zu reiten. Als sie sich während des Weges erschöpft fühlt, nimmt sie ein Bad an einer Quelle.

Zu dieser Zeit haben sich in Madain Ereignisse entwickelt, die Khosrow nötigen, als einfacher Soldat verkleidet zufliehen. Auf der Flucht nach Aserbaidschan sieht er Shirin an der Quelle, aber beide erkennen sich nicht.

In Aserbaidschan angekommen, lässt Khosrow Shirin mitteilen, weshalb er nicht in Madain weilt. Inzwischen stirbt jedoch völlig unerwartet sein Vater. Khosrow, der Thronfolger, eilt nach Madain, kann aber wegen der Trauerfeierlichkeiten Shirin nicht treffen. Kurz danach muss Khosrow wegen einer Staatsintrige erneut nach Aserbaidschan fliehen. Dort lernen sich Shirin und Khosrow endlich kennen. Khosrow erweist sich aller-

176 Shirin mit Freundinnen betrachtet das Porträt von Khosrow, Shiraz, 1477–1478

177 Shapur mit dem Porträt von Shirin, Dehli, 1722–1723

dings als leichtsinnig und schwach, ohne wirkliches Interesse für das Land, das er nach dem Tod seines Vaters geerbt hat. Shirin macht ihm deshalb Vorwürfe und Khosrow zieht sich gekränkt zurück.

Um den Thron seines Vaters wieder zu erringen, wendet sich Khosrow an den byzantinischen Herrscher. Dieser will ihm nur unter der Bedingung helfen, dass Khosrow seine Tochter Mariam heiratet. Khosrow willigt ein und erobert sein Heimatland und seinen Thron zurück.

Wiederum wendet sich jedoch das Blatt: Der Herrscher von Aserbaidschan stirbt. Shirin wird Alleinerbin. Sie sorgt zunächst für Recht und Ordnung in ihrem Land und übergibt dann die Verwaltung an einen Vizeregenten.

Obwohl Shirin durch Khosrows Heirat mit Mariam sehr enttäuscht ist, hält sie an ihrer Liebe zu Khosrow fest. Sie zieht in ihren speziell für sie erbauten Palast in der Nähe von Madain. Da sie gerne Milch trinkt, aber in dieser Umgebung keine Kühe gehalten werden können, bittet sie den Baumeister Farkhad, ihr eine Leitung zu bauen, um Milch von den Bergen in ihren Palast zu leiten. Farkhad verliebt sich in sie.

Gerüchte von Farkhads Liebe zu Shirin erreichen Khosrow. In einem Anflug von Eifersucht lädt Khosrow Farkhad ein und befiehlt ihm, Shirin zu vergessen. Dieser kann jedoch seine

178 Farkhad, der zu Shirins Schloss einen Kanal gegraben hat, Isfahan (?), 1503–1504

179 Farkhad, der zu Shirins Schloss einen Kanal gegraben hat, Isfahan, 16. Jahrhundert

180 Farkhad, der zu Shirins Schloss einen Kanal gegraben hat, Shiraz, 1491

181 Farkhad, der zu Shirins Schloss einen Kanal gegraben hat, Buchara, 1578–1579

Gefühle nicht bezwingen.

Da es Khosrow nicht gelingt, seinen Rivalen zu überzeugen, greift er zu einer Perfidie. Er schickt Farkhad die Nachricht von Shirins angeblichem Tod. Farkhad stirbt an gebrochenem Herzen.

Khosrow, bestürzt über seine eigene Niedertracht, fühlt intuitiv, dass eines Tages die Vergeltung kommen wird. Bald stirbt Mariam, und Shirin sendet Khosrow einen Brief voller sarkastischer Anspielungen.

Beleidigt durch Shirins Vorhaltungen reitet Khosrow nach Isfagan und kommt mit Shakar, einem Mädchen von ungewöhnlicher Schönheit, wieder. Diese leichtsinnige Tat erschwert die Beziehung zwischen Khosrow und

Shirin erneut. Eines Tages, als er bei einer Jagd in der Nähe ihres Palastes weilt, bittet er um Einlass und um Verzeihung.

Als Khosrow den Palast verlässt, folgt ihm Shirin. Sie liebt ihn noch immer. In Madain beauftragt sie zwei berühmte Sänger, ihre Liebe zu vertonen. Khosrow hört das Lied und ist hingerissen. Er ist von ihrer Liebe und Treue überzeugt und ordnet die Hochzeitszeremonie an, die von einem großen Hochzeitsfest gekrönt wird.

Die Ehe mit Shirin hat auf Khosrow einen reinigenden und heilenden Effekt. Er hört mit seinem oberflächlichen Leben auf, schart Gelehrte, Dichter und Weise um sich und organisiert das Gemeinwesen. Während dieser glücklichen Periode in Khosrows Leben kommt die Vergeltung für Farkhads Tod.

Shiruya, Khosrows und Mariams Sohn, ist so hingerissen von Shirins Schönheit, dass er entschlossen ist, sie seinem Vater zu entreißen. Er beteiligt sich an einem Aufstand gegen seinen Vater, entthront ihn und lässt ihn in den Kerker werfen. Shirin wendet sich jedoch nicht von Khosrow ab, sondern folgt ihm in das Gefängnis. Als Shiruya das sieht, lässt er seinen Vater ermorden. Shirin überzeugt Shiruya zwar, Khosrow feierlich beerdigen zu lassen, ersticht sich aber über Khosrows totem Körper.

182 Khosrow vor Shirins Schloss, Shiraz, 1491

183 Khosrow vor Shirins Schloss, Buchara, 1648

184 Khosrow vor Shirins Schloss, Herat, 1481–1482

185 Khosrow lässt sich von weisen Männern beraten, Shiraz, 1541–1542

186 Khosrow und Shirin in Eintracht, Shiraz, 1541–1542

187 Shirin kommt in Khosrows Zelt, Buchara, 1648

188 Khosrow wird von gedungenem Mörder erstochen, Herat, 1494–1495

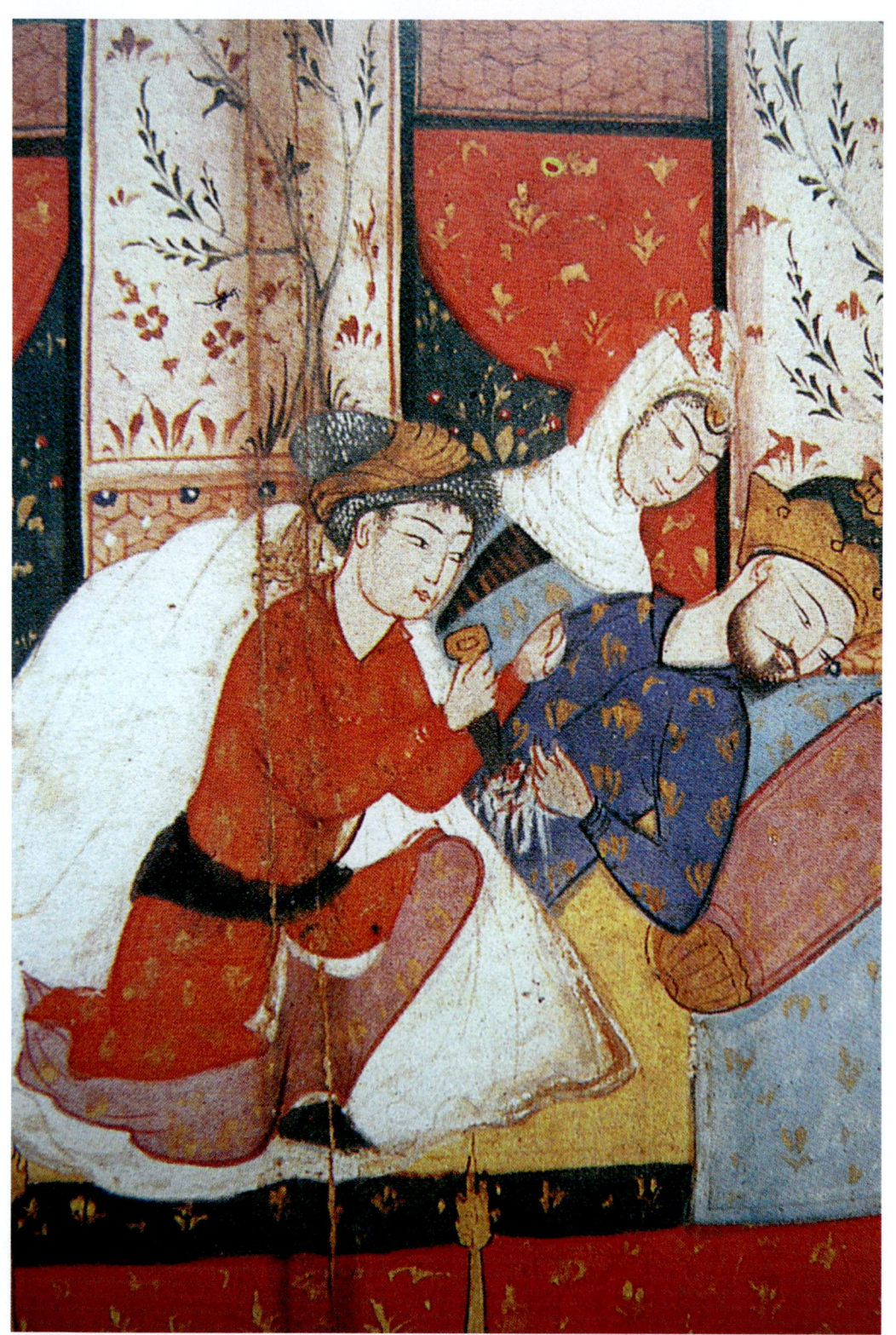
189 Khosrow wird von gedungenem Mörder erstochen, Isfahan, 1503–1504

190 Shirin ersticht sich über Khosrows totem Körper, Herat, 1481–1482

Islamische Malweise

Die unterschiedlichen Miniaturen der am Teich badenden Shirin ähneln sich nicht nur in ihren Szenenelementen, sondern auch in der fehlenden Perspektive. Der Grund für Letzteres ist nicht mangelndes Können, sondern die islamische, religiös geprägte Malweise. Der Maler bemüht sich, die Welt so darzustellen, wie Gott sie sehen würde, also von oben. Seinen Kreaturen werden keine individuellen Züge verliehen und das Werk wird nicht signiert. Der Maler ordnet sich vielmehr seinen „Schöpfungen" unter und sieht seine Fähigkeiten als eine ihm von Gott gewährte Gnade. Daher ist Orginalität nicht gefragt. Angestrebt wird die getreue Wiederholung bereits geschaffener Meisterwerke. Die in den Miniaturen gewählten Darstellungsweisen ähneln einander daher in verblüffender Weise über die Jahrhunderte.

Zum Verständnis dieser Malweise kam mir ein großartiges Buch zu Hilfe. Orhan Pamuk, der türkische Literatur-Nobelpreisträger des Jahres 2006, beschreibt in seinem Buch „Rot ist mein Name" das Leben der Miniaturenmaler im 16. Jahrhundert. Ein, wenn nicht der wesentliche Aspekt in seinem Roman ist der Konflikt zwischen der islamischen Art zu Malen und der – wie er es nennt – „fränkischen" Malweise, die in Venedig, dem Ende der Seidenstraße, verbreitet ist. Der „fränkische" Maler betrachtet seine Abbildungsgegenstände mit menschlichem Auge, also auf gleicher Augenhöhe. Er ist bemüht, sich eine eigene Sehweise und Bildsprache anzueignen und signiert selbstverständlich seine Werke. Aus dieser Haltung entsteht ein Originalitätszwang, der für die Entwicklung der westlichen Kunst mitverantwortlich ist.

191 Khosrow vor Shirins Schloss, Herkunft unbekannt

Das produktive Leben im heutigen Usbekistan

Um die heutige Lage des Landes zu verstehen, scheint es sinnvoll, einen kurzen Blick in die jüngere Vergangenheit, in die russisch-sowjetischen Zeiten, zu werfen. Am 30. Juni 1865 überreichten die Stadtväter von Taschkent dem russischen Militärgouverneur von Turkestan, General Tschernjajew, die Schlüssel der 12 Stadttore. 1867 wurde Taschkent Hauptstadt des Generalgouvernements Turkestan. Ein ähnliches Schicksal hatten auch die anderen Emirate oder Khanate Usbekistans.

192 Holzornament

Im Laufe der nächsten Jahrzehnte entwickelten die Städte, neben den unregelmäßigen Altstädten, russische, in regelmäßige Quadrate gegliederte Neustädte. Mit der Einweihung der transkaspischen Eisenbahnlinie „Krasnowodsk–Taschkent" im Jahr 1899 erhielt die usbekische Region Anschluss an das westliche Europa. Von 1919–1924 war Taschkent die Hauptstadt der Turkestanischen ASSR und löste 1930 Samarkand als Metropole der Usbekischen SSR ab. Seit dem 1. September 1991 ist Taschkent Hauptstadt der unabhängigen Republik Usbekistan und administratives Zentrum des Gebiets Taschkent.

Neben Taschkent umfasst Samarkand heute das wichtigste Industriegebiet in Usbekistan. Es gibt Fertigungsbetriebe des Maschinenbaus und der Elektrotechnik, eine feinmechanische Industrie (Foto- und Kinotechnik), Nah-

194 Lackdöschen

193 Holzornament

rungs- und Genussmittelindustrie (Rosinen, Wein, Tabak), Porzellanmanufakturen, Seidenspinnereien und Seidenwebereien. Auch der Export von landwirtschaftlichen Produkten (Baumwolle, Rohseide, Weizen, Reis, Wein, Obst) spielt eine nicht unwesentliche Rolle.

In Buchara andererseits sind eine Universität, mehrere Forschungsinstitute und Fachschulen angesiedelt. Hier befindet sich zudem das älteste Theater Usbekistans.

Auch Chiwa ist eine aufstrebende Stadt mit Baumwoll-, Teppich- und Seidenindustrie sowie Keramik-Werkstätten.

195 Traditionelle Stickerei

196 Prachtvoller Stoff

197 Prachtvoller Stoff

Ein besonderes Erlebnis war für mich die Entdeckung einer Seidenteppich-Manufaktur mitten in der historischen Altstadt von Chiwa. Der Eigentümer der Werkstatt hatte die einzigartige Idee, die Teppiche der alten Miniaturen zu kopieren. Diese fast verloren gegangenen höfischen Muster ließ er sodann als moderne handgeknüpfte Seidenteppiche wieder erstehen. Diese Verfahrensweise steht ganz im Einklang mit der alten islamischen Auffassung, dass die getreue Wiedergabe von klassischen Meisterwerken zu den nobelsten Aufgaben der Kunst gehört. Da diese außergewöhnlichen Teppiche neuen Datums sind, gibt es auch keine Exportprobleme.

Von den vielen Produkten, die in Usbekistan hergestellt werden, begeisterten mich zudem die prächtigen Stoffe, die man in Kleidform an vielen wunderschönen Usbekinnen bewundern kann. Dass die Basare und die Andenken-Stände in zahlreichen ehemaligen Medresen zum Kauf locken, steht außer Frage. Die langfristige Freude, die Augen-Schmeichler wie Lackdosen, Schals und Reproduktionen von Miniaturen mit sich bringen, darf nicht unterschätzt werden.

  In einer Angelegenheit muss ich jedoch den potentiellen Reisenden enttäuschen: frei grasende Kamele sind mir nicht begegnet. Die wenigen, bereits sesshaften Zeltbewohner sind eher mit Karakulschafen und Ziegen beschäftigt als mit Kamelen. Ein einziges „Erinnerungs-Kamel" kann man in Chiwa streicheln. Die Nomadenromantik scheint endgültig vorbei zu sein.

198 Chiwa: Teppich-Manufaktur mit Material für Naturfarben

199 Chiwa: Inhaber der Teppich-Manufaktur

200–207 Chiwa: Seidenteppiche geknüpft nach Vorbildern aus Miniaturen

201

202

203

204

206

205

207

Usbekistan ist viele Reisen wert

Einst zogen Menschen aus aller Welt durch das alte Turkestan. Sie priesen die Genüsse der Oasen Samarkand, Buchara und Chiwa sowie die Schönheit und Gastfreundschaft ihrer Bewohner. Auch das heutige Usbekistan ist viele Reisen wert. Die Einzigartigkeit seiner herben Natur, die Pracht seiner Bauten und die fröhliche Zugewandtheit seiner Menschen haben mich fasziniert. Meine Kindheitsträume wurden sogar übertroffen. Mit jeder Reiseetappe steigerte sich der Appetit auf mehr. Um allerdings die unterschiedlichsten Facetten von Usbekistan kennen zu lernen, sollte man, wie in alten Zeiten, viel Muße mitbringen. Die heutige Reisewirklichkeit ist jedoch typischerweise von Zeitknappheit geprägt. Die Erfahrung lehrt aber, dass auch kürzere Einblicke in ein vorher unbekanntes Land ganz neue Horizonte öffnen. Plötzlich liest man sogar die Zeitung mit anderen Augen. Worte wie „Usbekistan", „Taschkent" oder „Zentralasien" bekommen eine vollkommen veränderte Bedeutung.

Der Erfolg jeder gelungenen Reise hängt aber von einer gut durchdachten Planung ab. Eine Dramaturgie ist gefragt, die allmählich in einem Höhepunkt kulminiert. Für mich ist dieses Optimum mit der Route Taschkent-Samarkand-Schahr-i Sabs-Buchara-Chiwa erreicht. Sie führt den Orientbegeisterten von der eher westlich anmutenden Hauptstadt allmählich in die Wüstenstädte des Morgenlandes. Mit einigen Pinselstrichen möchte ich daher zum Abschluss diesen „Weg meiner Träume" nachzeichnen und allen aus Herz legen, die sich zum ersten Mal, und womöglich alleine, auf das Abenteuer Usbekistan einlassen.

    Taschkent wurde leider am 26. April 1966 durch ein verheerendes Erdbeben zerstört. Der Name Taschkent setzt sich zwar aus dem türkischen „Tasch", Stein, und dem persischen „Kent", Stadt, zusammen, aber von der „Steinernen Stadt" ist nach 1966 buchstäblich kein Stein mehr auf dem anderen geblieben. Heute ist Taschkent eine grüne Stadt. Viele Parks und große Alleen durchziehen die Stadt der „tausend Brunnen". Aber die Hauptstadt der Usbeken ist seit der Unabhängigkeit noch auf der Suche nach der eigenen Identität. Dafür wurde die kulturelle Vergangenheit wiederbelebt, Plätze und Straßen wurden umbenannt, alte Denkmäler gestürzt und neue Monumente errichtet. Es ist eindrucksvoll, wie das usbekische Volk trotz massiver Eingriffe in sein kulturelles Erbe die althergebrachten Werte zu bewahren wusste. Verständlich ist allerdings auch, dass die Balance zwischen Tradition

208 Taschkent: neue Moschee ohne Minarett

209 Taschkent: Brunnen mit symbolisierter Baumwollknospe

210 Taschkent: rekonstruierte Medrese Barak Khan

und Moderne noch so manchen Konfliktstoff enthält.

Die meisten jungen Usbeken würden heute gerne in der Hauptstadt leben. Taschkent ist jedoch nicht nur die modernste, sondern auch die teuerste Stadt Usbekistans. Für viele bleibt daher der Wunsch ein Wunschtraum.

Samarkand, die in Blau getauchte Stadt, hat schon immer Reisende in ihren Bann gezogen. Unvergesslich ist der Anblick von Samarkand mit seinen farbigen Kuppeln und Türmen, die im morgendlichen Sonnenlicht in ihrem vollen Glanz erstrahlen. Der Registan, geprägt durch seine drei prächtigen Medresen, gehört als Ensemble zum Weltkulturerbe der UNESCO. Die Stadt, in der die Märchen aus „Tausend und einer Nacht" entstanden sind, zählt zu den ältesten Kulturzentren der Welt. Von der Großartigkeit dieser Vergangenheit zeugen sowohl Afrasiab, das „alte" Samarkand, als auch die Gräberstraße Schah-i Sinda mit ihren überwältigenden Mausoleen.

Für den Weg von Samarkand nach Schar-i Sabs empfiehlt sich die Gebirgsstraße. Hier erwartet den Reisenden nicht nur eine spektakuläre Landschaft, sondern auch nachfühlbares usbekisches Landleben mit zahlreichen einheimischen Angeboten wie selbstgepflückten Pilzen und Blumen oder getrockneten Heilkräutern, die nur in dieser Gebirgsregion wachsen.

211 Samarkand: Kuppel der Moschee Bibi-Chanym

212 Samarkand: Schah-i Sinda

Seit dem 3. Jahrhundert v. Chr. ist Schah-i Sabs unter dem Namen Kesch bekannt. Nach der Überlieferung wollte Timur seine Geburtsstadt Kesch und nicht Samarkand zu seiner Hauptstadt machen. Die zahlreichen geplanten und auch zum Teil ausgeführten Bauwerke veranschaulichen auf beeindruckende Weise diese ehrgeizigen Pläne.

Der Name Buchara wird nach einigen Quellen von „Vihara", Kloster, abgeleitet. Anderen schriftlichen Zeugnissen zufolge bedeutet „Buchar" soviel wie „Mittelpunkt der Lehre". Buchara ist der Ort poetischer Fantasien, wundersamer Legenden und wissenschaftlicher Gelehrsamkeit. Nicht umsonst untersteht die gesamte Stadt dem

Kulturerbe der Menschheit. Hier entspringt die Quelle Hiobs. Hiob schlug mit seinem Stab auf den Boden und erlöste das durstgeplagte Volk mit einem sprudelnden Quell von seiner Qual. Der Hiobsbrunnen „Masar Tscheschme Ajub" spendet noch heute dem frommen Pilger Wasser. Und welch wunderbarer Zauber liegt über der Vielfalt und Pracht der Minarette, Moscheen, Medresen und Basarkuppeln in dem Farbenspektrum Ultramarin bis Türkisblau, Marineblau bis Smaragdgrün, Lapislazuli bis Ocker. Buchara wächst dem Reisenden nicht nur ans Herz, sie lädt geradezu zum längeren Verweilen ein.

    Über Chiwa erzählt die Sage, dass schon in alter Zeit die Karawanen auf ihrem

213 Buchara: Hiobsbrunnen

214 Buchara: geheimnisvoller Orient

215 Chiwa: Hotel in ehemaliger Medrese

216 Chiwa: Minarett der Medrese Islam Hodscha

Weg durch die Karakum, die schwarze Wüste, an einem Brunnen rasteten, den sie „Cheiwak", „Oh, wie ist das wohltuend", nannten. Chiwa lässt sich mit keiner anderen Stadt Usbekistans vergleichen. Sie ist das verkörperte Orientalische Märchen. Geht man in Chiwa durch die Straßen, erwartet man förmlich, dass plötzlich die Tore des Palastes aufspringen und die Reiter des Khans herausstürzen, dass die Koranschüler gemessenen Schrittes aus dem Portal der Medrese kommen.

    Die Geschichte Chiwas reicht zwar über tausend Jahre zurück, doch entstand das architektonische Bild der Stadt vorwiegend vom Ende des 18. bis zum Beginn des 20. Jahrhunderts. In dieser Zeit stabilisierte sich die wirtschaftliche Lage. Diese positiven Veränderungen fanden Ausdruck in einer regen Bautätigkeit. Damals entstanden Paläste, Moscheen, Medresen und Marktbauten. Sie machen den heutigen Charme der Stadt aus. Die ganze Altstadt stellt somit ein geschlossenes Architekturensemble dar, das seinesgleichen in Mittelasien nicht kennt.

Als alleinreisende Frau habe ich während meines gesamten Aufenthalts von den Bewohnern Usbekistans nur Freundlichkeit, Hilfsbereitschaft, bereitwilliges Auskunftgeben, kurz: das Bemühen erlebt, mich als Gast gut aufzunehmen. So willkommen geheißen, fühlt man sich natürlich rundum wohl. Man sieht das Land im Glanze dieses Lichtes.

Mögliche Schattenseiten, wie es sie auch im eigenen Land gibt, waren für mich nicht augenfällig. Ich habe sie allerdings auch nicht gesucht. Meiner Meinung nach ist es nicht die Aufgabe des Gastes, nach möglichen kritischen Aspekten zu suchen. Wer Gastfreundschaft akzeptiert und genossen hat, sollte sich darüber freuen. Er muss dabei nicht die Augen vor den Realitäten verschließen, aber vor Dritten sollte er sich zurückhalten. Das ist eine alte Regel des Orients, die ich immer und überall gerne beherzige.

217 Emsiger Skarabäus, das Symbol ewigen Lebens

Geschichte Usbekistans in Stichworten

Um 700 – 500 v. Chr. Iranische Völkerschaften der Sogden, Baktrier, Massageten und Saken im Gebiet des heutigen Usbekistan

530 – 330 v. Chr. Kyros I. gründet das iranische Achmänidenreich mit Ausläufern bis nach Zentralasien

331 – 323 v. Chr. Eroberungszug Alexanders des Großen bis ins heutige Usbekistan, das in der Folge zum Randgebiet griechisch-baktrischer und hellenistischer Herrscher wird

1. Jhd. v. Chr. – 3. Jhd. n. Chr. Zwischen Partherreichen und Kuschanreich, (Buddhismus Staatsreligion)

3. – 7. Jhd. n.Chr. Teil des iranischen Sassanidenreichs und des Reiches der hunnischen Hephtaliten (weiße Hunnen)

7. – 9. Jhd. Araber erobern Mittelasien

874 Belehnung der Samaniden mit Samarkand und Buchara

1206 Dschingis Khan wird Khan der Mongolen

1220 Mongolen erobern Buchara und Samarkand

ab 1370 Herrschaft Amir Timurs (Tamerlan), Timuridenherrschaft mit Hauptstadt Samarkand

1500 – 1599 Schabanidendynastie

ab 1599 Zerfall des Schabanidenreiches, Khanate von Buchara, Chiwa und Kokand

Ende 18. Jhd. Beginn russischer Expansion nach Mittelasien

1865 Einnahme Taschkents und Eroberung Kokands durch russische Truppen. Fortbestehen des Emirats Buchara und des Khanats Chiwa unter russischer Hoheit

1867 Taschkent wird Hauptstadt des russischen Generalgouvernements Turkestan, das etwa das Gebiet der heutigen zentralasiatischen Staaten umfasst

1918 Nach der russischen Oktoberrevolution Bildung der Volksrepublik Turkestan

1920 Das Emirat Buchara und das Khanat Chiwa werden zu Volksrepubliken erklärt

1924 Gründung der Sozialistischen Sowjetrepublik Usbekistan (Usbekische SSR) unter Auflösung des Emirats von Buchara und des Khanats von Chiwa

1941 – 1945 Teilnahme Usbekistans am 2. Weltkrieg im Staatsverband der UdSSR mit 1,5 Mio. Soldaten (damalige Einwohnerzahl 7 Mio.), in Folge etwa 500.000 Tote

1966 Taschkent wird durch ein Erdbeben zerstört, Wiederaufbau mit Hilfe aus der ganzen Sowjetunion

1987 – 1989 Usbekistan ist „Frontstaat" im sowjetischen Afghanistan-Krieg

1. Sept. 1991 Unabhängigkeit Usbekistans im Rahmen der Gemeinschaft unabhängiger Staaten (GUS)

29. Dez. 1991 Wahl Islam Karimows, zuvor 1. Sekretär der kommunistischen Partei Usbekistans, zum Präsidenten der Republik Usbekistan

1992 Mitgliedschaft in UNO, IWF u.a., Teilnehmerstaat der OSZE

8. Dez. 1992 Verkündigung der usbekischen Verfassung

25. Dez. 1994 Erste Parlamentswahl unter der neuen Verfassung

Feb. 1999 Sprengstoffanschläge islamischer Extremisten in Taschkent

15. Juni 2001 Usbekistan ist Gründungsstaat der Schanghai Organisation (Russland, China, Kasachstan, Kirgisistan, Tadschikistan)

26. Dez. 2004 Parlamentswahlen, erstmals auch Wahlen einer Zweiten Kammer (Senat)

13. Mai 2005 Gewaltsames Vorgehen usbekischer Sicherheitskräfte gegen Aufständische in Andijan mit zahlreichen Toten

Dezember 2006 Erste Expertengespräche EU – Usbekistan zu den Andijan-Ereignissen

April 2007 Zweite Runde der Expertengespräche EU – Usbekistan zu den Andijan-Ereignissen

Mai 2007 Aufnahme eines institutionalisierten Menschenrechtsdialogs zwischen der EU und Usbekistan

Quelle:
Auswärtiges Amt der Bundesrepublik Deutschland
Stand: Mai 2007

Literaturverzeichnis

Albaum, Lazar Israelowitsch und Brentjes, Burchard, Herren der Steppe, Berlin 1978

Fathi, Habiba, Femmes d´autorité dans l´Asie centrale contemporaine, Paris 2006

Gink, K. und Gombos, K., Die Baukunst Usbekistans, Leipzig 1976

Hauff, Wilhelm, Die Karawane, Prag 1960

Höllmann, Thomas O., Die Seidenstraße, München 2004

Kehl-Bodrogi, Krisztina, Who Owns the Shrine? Competing Meanings and Authorities at a Pilgrimage Site, in: Khorezm, Central Asian Survey (September 2006) 25 (3), 235–250

Kehl-Bodrogi, Krisztina, The Living and the Dead: Images of the Afterlife and Commemoration Rituals among Khorezm Uzbeks, unveröffentlichtes Manuskript, Halle 2007

Kleinmichel, Sigrid, Halpa in Choresm und Atin Ayi im Ferganatal, Berlin 2000

Knobloch, Edgar, Turkestan, München 1973

Krämer, Annette, Geistliche Autorität und islamische Gesellschaft im Wandel: Studien über Frauenälteste (otin und xalfa) im unabhängigen Usbekistan, Berlin 2002

Kreiser, Klaus, Diem, Werner, Majer, Hans Georg, (Hg.), Lexikon der Islamischen Welt, Bände 1–3, Stuttgart – Berlin – Köln – Mainz 1974

Maalouf, Amin, Samarkand, Frankfurt am Main 2001

Mernissi, Fatima, Harem, Freiburg – Basel – Wien 2000

Uzbek Academy of Sciences, KH. S. Suleimanov Institute of Manuscripts (Hg.), Miniatures Illuminations of Nisami´s „Hamsah", Tashkent 1985

Münkler, Marina, Marco Polo, München 1998

Naef, Silvia, Bilder und Bilderverbot im Islam, München 2007

Pamuk, Orhan, Rot ist mein Name, Frankfurt am Main 2006

Peirce, Leslie P., The Imperial Harem, Oxford 1993

Peltz, Judith, Usbekistan entdecken, Berlin 2005

Polo, Marco, Die Wunder der Welt, Il Milione, Frankfurt am Main und Leipzig 2003

Pugatschenkowa, G. A., Samarkand – Buchara, Berlin 1975

Pugatschenkowa, G. A., Termes, Schahr-i Sabz, Chiwa, Berlin 1981

Saktanber, Ayse und Özatas-Baykal, Asli, Homeland within Homeland. Women and the Formation of Uzbek National Identity, in: Acar, Feride und Günes-Ayata, Ayse, (Hg.), Gender and Identity Construction. Women of Central Asia, the Caucasus and Turkey, Leiden 2000, 229–248

Tralow, Johannes, Roxelane, Husum 2004

Wollenweber, Britta und Franke, Peter, Usbekistan – Land zwischen Orient und Okzident, Berlin 2002

Bildnachweis

Die Autorin möchte sich bei allen Personen und Institutionen bedanken, die die Reproduktionen der Abbildungen in diesem Buch gestattet haben. Sie hat sich bemüht, alle Bildrechte zu klären. Sollten unbeabsichtigt Ansprüche übergangen worden sein, bittet sie, diese nachträglich geltend zu machen.

Abb. 2, 5, 7, 8, 14–17, 19–22, 33, 36–40, 50–62, 64–66, 70, 72–74, 78–84, 86, 87–89, 91–100, 103, 105, 106, 108–114, 116–133, 139–141, 143–152, 163, 164, 166–168, 192–197, 206–217: Marga Kreckel

Abb. 9–12, 63, 69, 71, 75–77, 104, 107, 115, 142, 158, 159, 161: Privatbesitz MK

Abb. 13, 23, 27–32, 34, 35, 42–47, 49, 153–156: Krisztina Kehl-Bodrogi

Abb. 1, 24–26, 41, 48, 85, 80, 101, 102, 134 138, 157, 160, 162, 165, 169–191: Miniatures Illuminations

Abb. 67, 68, 101, 135–138, 157, 160, 162: Timur-Museum

Abb. 3, 6: Wilhelm Hauff

Abb. 18: www.lib.utexas.edu/maps/uzbekistan.html

Danksagung

Jede Reise hat viele geistige Begleiter. Da gibt es die Personen, die durch ihr tatkräftiges Handeln die Reise überhaupt ermöglichen. In erster Linie möchte ich dabei meinen Mann, Prof. Dr. Reinhard Kreckel, nennen, der ohne Murren die alltäglichen Verpflichtungen während der gesamten Reisezeit übernahm. Von unschätzbarer Bedeutung war auch Roman Pliske, Geschäftsführer des Mitteldeutschen Verlages, der bereits im Vorfeld der Reise sein verlegerisches Interesse bekundete. Ermutigt hat mich zudem der hallesche Maler Dr. Karl-Rainer Kuppe mit seinen fachkundigen fotografischen Ratschlägen. Eine besondere Bedeutung hatten zudem all die Hintergrundinformationen über Usbekistan, die mir vor meiner Reise durch Herrn Direktor Friedrich Stumpf und seine usbekische Mitarbeiterin, Alime Dudakova, und während der Reise durch Frau Fewzie Ablaewa vermittelt wurden.

In der Phase des Recherchierens haben mir die wissenschaftlichen Forschungsergebnisse von Frau Dr. Krisztina Kehl-Bodrogi vom Max-Planck-Institut für Ethnologie in Halle sehr geholfen. Durch ihre Forschungserfahrungen in Usbekistan war sie eine unersetzliche Gesprächspartnerin. Sie hat mir kostbare Einblicke in die usbekische Gesellschaft vermittelt, die mir selbst unzugänglich gewesen wären. Ihre Fotos (siehe Bildnachweise) haben das Buch bereichert. Durch Frau Kehl lernte ich auch Frau Nigora Kadirova kennen, die mir half, das Thema „Hochzeiten" entscheidend zu vertiefen.

Für die kunsthistorischen Aspekte des Buches bin ich Frau Dr. Katja Schneider, Herrn Prof. Dr. Hartwig Prange und seiner Frau Christl sowie Frau Sarah Schmitz sehr zu Dank verpflichtet. Sie haben mir kunst- und kulturwissenschaftliche Bände zur Verfügung gestellt, die heutzutage leider vergriffen sind.

Die Erstfassung des Manuskripts hatte viele kompetente und geduldige Leser. Nennen möchte ich besonders – neben meinem Mann – Frau Prof. Dr. Erdmuthe Fikentscher, Frau Dr. Gerlinde Kuppe, Frau Hannelore Heise, Frau Friederike Grumbach und Frau Erdmute Hufenreuter, freie Lektorin des Mitteldeutschen Verlages. Sie haben alle auf unterschiedliche Weise ergänzt, korrigiert und beraten. Ohne den Einfallsreichtum von Lutz Grumbach, dem grafischen Gestalter des Buches, und ohne die handschriftliche Übertragung zahlreicher Textteile durch Frau Hannelore Heise wäre „Mein Usbekistan" jedoch nicht zu dem „Bilderbuch" geworden, das den Leser hoffentlich genauso begeistert wie mich selbst.

Jedes kleinere oder größere Werk bedarf, wie sattsam bekannt, einer wohlwollenden Begleitung, ohne die ein konzentriertes und zielgerichtetes Arbeiten nicht möglich ist. Für diese tragende Unterstützung möchte ich allen Begleitpersonen meinen von Herzen kommenden Dank aussprechen.